EDUCAR EM VALORES INTELIGENTES
Para crianças, jovens e adultos

ALFONSO BARRETO

EDUCAR EM VALORES INTELIGENTES

Para crianças, jovens e adultos

2ª edição

Tradução
Maria do Carmo Whitaker

QUADRANTE

São Paulo
2023

Copyright © EDITORIAL CCS, 2012

Título original
*Educar en valores inteligentes:
para niños, jóvenes y adultos*

Capa
Gabriela Haeitmann

Dados Internacionais de Catalogação na Publicação (CIP)

Barreto Nieto, Balvino Alfonso

Educar em valores inteligentes : para crianças, jovens e adultos / Alfonso Barreto ; tradução Maria do Carmo Whitaker. – 2ª ed. – São Paulo : Quadrante, 2023.

Título original: *Educar en valores inteligentes: para niños, jóvenes y adultos*

ISBN: 978-85-7465-429-4

1. Educação – Finalidades e objetivos 2. Educação em valores 3. Educação moral 4. Valores (Ética) I. Título.

18-15330   CDD-370.114

Índice para catálogo sistemático:
1. Educação em valores 370.114
2. Valores na educação 370.114

Todos os direitos reservados a
QUADRANTE EDITORA
Rua Bernardo da Veiga, 47 – Tel.: 3873-2270
CEP 01252-020 – São Paulo – SP
www.quadrante.com.br / atendimento@quadrante.com.br

Introdução geral

O tema dos valores, sob o ponto de vista das ciências humanas e espirituais, é um assunto de atualidade permanente. De modo geral, a cada dia a nossa sociedade evidencia uma crise dinâmica de princípios, em que os homens – mediante comportamentos distantes de um mínimo sistema de valores (ética concreta) ou pela falta deles – ferem-se uns aos outros, alteram a ordem adequada e normal dos acontecimentos.

Basta observar as informações fornecidas diariamente pelos meios de comunicação em massa, em especial os noticiários, e perceber a ausência dos valores práticos para uma vida de bem e de boa convivência. Reinam os chamados "antivalores", ou práticas desumanas e desonestas, que causam dano em torno do indivíduo que opta por ações que comprometem o bem-estar das pessoas, das instituições e da sociedade em geral.

Assim, os valores – como tema atraente, necessário, desejável no âmbito familiar e social – não são um discurso que se possa sujeitar ou fazer depender de posturas filosóficas, sociológicas, antropológicas, quando não religiosas. Eles são dados aos homens como qualidades máximas, ideais para uma vida em sociedade mais aceitável, produtiva e regida por princípios nobres, sempre orientados para o bem, para o que é bom.

As diversas correntes de pensamento oferecem importantes esclarecimentos acerca do tema, mas a realidade acusa uma ausência no tocante à prática positiva dos valores, os quais produzem uma série importantíssima de benefícios para a pessoa que os assume em sua vida e os revela aos demais.

É claro que, perante o suborno, o roubo, a corrupção, o desfalque, a fraude e outras fraquezas humanas, apresentam-se a honestidade, a integridade, a equidade, a justiça e a igualdade como valores desejáveis para o adequado funcionamento das instituições, muitas das quais regulam processos básicos de atenção aos cidadãos. A oposição anterior entre valores e antivalores pode ser feita com os demais princípios e seus contrários.

Os valores constituirão sempre um tema atual. Semelhantes às normas e leis, situam-se entre o âmbito potencial e latente de poderem ser violados, negligenciados ou ignorados. Sendo assim, sua divulgação, transmissão, exemplo e potencialização são ou deverão ser trabalho cotidiano em toda entidade educativa de formação em qualquer nível, além de empresas, organizações e instituições.

Os valores são necessários para dar um significado maior à vida e permitir uma convivência social que dignifique a própria existência. Cada indivíduo, pelo bom uso de sua razão, toma a decisão de pô-los em prática ou de eximir-se da responsabilidade de agir conforme as qualidades esperadas pela sociedade.

Liberdade, tolerância, amizade, paz, alegria, solidariedade, unidade, simplicidade, entre outros valores, são propostos ao indivíduo para que ele incorpore à sua existência ações que façam de sua vida um evento único que valha a pena; também contribuem para a construção de um modo mais próximo dos princípios divinos, que em nada são incompatíveis com os valores clássicos ou tradicionais.

Desta maneira, o presente texto não se restringe necessariamente a nenhuma teoria filosófica, ética, psicológica, sociológica, religiosa ou antropológica. Respeita os interessantes fundamentos que essas ciências oferecem ao discurso axiológico, mas se limita, de um lado, a ser uma contribuição pedagógica e, de outro, um alimento para o leitor que procura tornar-se uma pessoa melhor.

A proposta discursiva deste texto sustenta:

a) A prática dos valores como uma forma dinâmica de torná-los realidade na vida das pessoas e nas diversas entidades sociais;

b) A universalidade dos valores em contraposição à sua relativização;

c) A essencialidade dos valores e sua interpretação unilateral;

d) A interdependência entre os valores em contraposição a um fracionamento metodológico;

e) Sua perspectiva espiritual em oposição à sua ênfase exclusivamente humanística, teórica ou social;

f) O enriquecimento pessoal, que não pressupõe um agir perfeito ou espiritualizado.

A dinâmica do texto é muito simples: propõe um *objetivo* do valor trabalhado, oferecendo a raiz latina ou grega do termo, e apresenta a *fundamentação*, isto é, as ideias teóricas do valor. Continua com o *ensinamento* do valor à criança, ao jovem ou ao adulto, para propor os *benefícios* do referido valor. Conclui com citações de *especialistas* no tema e um *fundamento espiritual* muito importante. Como se percebe, a ideia é trabalhar o assunto sob diversos pontos de vista, o que ajudará o docente, facilitador, catequista ou líder na consolidação do valor que deseja trabalhar com seus alunos ou grupo que orienta.

Como se nota, o texto não se limita ao leitor em geral, mas pode ser utilizado no âmbito educativo, levando-se em conta o conhecimento dos grupos, o contexto e as expectativas em relação ao valor tratado.

Por outro lado, incluem-se alguns pressupostos teóricos

como preâmbulo do texto pedagógico propriamente dito. Pode--se suprimir sua leitura e passar aos valores. Compete ao leitor ampliar teoricamente os conteúdos e trabalhar com criatividade para aumentar a riqueza do tema em questão.

O autor

Os valores

O conceito de valor

O termo "valor" remete às qualidades importantes que se identificam ou se encontram nos objetos, nas pessoas e inclusive nos acontecimentos. No entanto, não é fácil determinar ou definir o conceito de maneira inequívoca. Na realidade, é um termo utilizado em todos os âmbitos da vida, nos quais as ações e comportamentos das pessoas mantêm algum tipo de relação.

Vem do latim *valor, -oris*, e pode adquirir diferentes conotações e acepções. De modo geral, entende-se por valor uma qualidade ou conjunto de qualidades que tornam apreciável uma pessoa ou objeto. Daí se pode dizer que algo ou alguém são valiosos.

A axiologia é considerada um ramo da filosofia; a união das palavras gregas *axios* e *logos* significa "valor" ("o valioso e estimável") e "ciência". Assim, a axiologia constitui a ciência ou estudo dos valores.

Os valores estão relacionados com as grandes convicções humanas acerca do que é bom, do que é melhor, do que é ótimo. Eles têm a faculdade em si de propiciar alegria, satisfação e felicidade a quem os possui – ainda quando, algumas vezes, causem dor –, e que, portanto, são fundamentais na busca da plena realização humana. (Guillermo Mora)

Em seu aspecto histórico, nos filósofos gregos já se encontra o termo "valores" – em outros casos, *virtudes* –; em Platão os valores se referem a significações positivas, por exemplo, o ideal de utilidade, beleza, bem. Por outro lado, em Aristóteles, a dissertação sobre as *virtudes* marca um passo além da reflexão em torno dos valores, enfatizando seu exercício pela aprendizagem ou costume, sempre tendente à felicidade do indivíduo.

Ainda que o valor, expresso mediante as ações humanas, estivesse implícito em muitos pensadores no decorrer dos séculos, foi por volta do século XIX que o estudo dos valores ou a constituição da axiologia propriamente dita se estabeleceu. São reconhecidos basicamente três autores como os gestores dessa importante reflexão sistemática sobre os valores: N. Hartmann, E. Hartmann e R. Lotze. Contudo, os estudos de Max Scheler são clássicos no que diz respeito à teoria dos valores.

A *natureza do valor*

Não resta dúvida de que a filosofia se ocupa da reflexão sobre os valores, desde que atendido seu pressuposto de pensar sobre o porquê dos diversos acontecimentos do mundo natural e espiritual. Mas a teorização prática dos valores ganhou um grande campo de ação na vida cotidiana e social dos indivíduos. Distintas ciências sociais oferecem contribuições não apenas à sua construção discursiva, mas também à sua fundamentação e implementação prática nas instituições, que demandam dos valores uma cultura organizacional que lhes permita conquistar os critérios institucionais propostos.

Feito esse esclarecimento, em torno dos valores se colocam certos pressupostos que ajudam o seu estudo, a sua compreensão e prática:

a) critério ontológico: qual é a posição dos fenômenos espirituais e psicológicos no mundo?

b) critério epistemológico: é possível um conhecimento verdadeiro, exato da realidade?

c) critério praxiológico-valorativo: como se deve agir no mundo? O que a pessoa deve fazer?

Critérios que, aplicados ao estudo dos valores, possibilitam amplos caminhos em seu desenvolvimento teórico-prático.

Em consequência, pode-se dizer que, sob o ponto de vista ontológico, os valores fazem parte do ser, se forem incluídas nessa categoria todas as coisas existentes: pessoas, natureza e objetos materiais. Na essência, os valores fazem parte do mundo e dão significado aos eventos e produções do homem.

Considerando o critério epistemológico, os valores podem ser estudados nas atitudes das pessoas, em seu comportamento e na organização grupal. É possível programar sua fundamentação e prática a partir das instituições.

No que concerne ao critério praxiológico-valorativo, existe para o homem uma maneira adequada de interagir com seus semelhantes. Sempre há a possibilidade de influir positivamente os demais, e os valores servem como indicadores ou guias para uma melhor interação humana.

> O conceito de valor consiste em um conjunto interiorizado de princípios nascidos de experiências analisadas em função de sua moralidade. O valor – ou as virtudes – é algo adquirido até o ponto de converter-se em hábito, algo querido voluntariamente e que acaba sendo, ao mesmo tempo, objeto de desejo. (Victoria Campos)

Dicotomias acerca dos valores

Os diversos estudos sobre valores identificaram posturas, ambivalências ou dicotomias sempre à procura de uma clareza conceitual e compreensiva que torne mais epistemológica e prática a sua difusão e formação. Sob esse ponto de vista, oferece-se uma visão alternativa, não integradora, a esse respeito. O seguinte quadro ilustra as ambivalências em questão:

EM RELAÇÃO AOS VALORES		
DICOTOMIA	PRESSUPOSTOS	APRECIAÇÕES
Surgem objetiva ou subjetivamente?	Propõe-se que o valor se encontre nas próprias coisas; em contrapartida se argumenta que o valor seja designado pela pessoa aos objetos.	Encontram-se qualidades primárias (peso, extensão) e secundárias (cor, sabor) nos objetos que são inerentes ao seu ser constitutivo. O valor é algo que se *incorpora* aos objetos, mas estes oferecem o estímulo para serem depositários de valoração como tal.
São reais ou ideais?	Indaga-se se são concretos, palpáveis na realidade, ou refletem ideais a serem alcançados.	Os valores *valem* e esta valoração é atribuída e assumida nas produções humanas, assim como ideais que os homens pretendem alcançar para uma melhor convivência e edificação de seu mundo.

Estão determinados pela emoção ou pela razão?	Indaga-se se a emotividade é a causa do aparecimento e da vivência dos valores ou se, pelo contrário, a razão mediante a lógica determina sua expressão.	O sentir do homem motiva a vivência dos valores para significar o mundo, mas a razão opera como um mediador compreensivo da expressão dos valores.
Apresentam um caráter relativo ou universal?	Indaga-se sobre a influência do tempo e do espaço nos valores: se dependem de um ponto de vista particular ou conservam certa essência de caráter universal.	A intencionalidade de cada valor é o bem geral; a relatividade pode fazer perder sua profundidade; sua universalidade faz com que os povos continuem lutando pelos mais altos e nobres ideais.
São de origem individual ou coletiva?	Indaga-se se sua criação é individual, particular, ou se são suscitados pela pressão social.	Os valores se circunscrevem ao próprio desejo do homem de atingir o bem. Entretanto, não há dúvida acerca da influência social ao determinar quais seriam os valores desejáveis para se praticar, além do risco de surgirem falsas concepções dos mesmos, em razão da criação de interesses particulares.

Convém distinguir, desde já, entre os *valores* e os *bens*. Os bens equivalem às coisas valiosas, isto é, às coisas mais o valor que a elas se incorporou. Assim, um pedaço de mármore é uma mera coisa; a mão do escultor lhe agrega beleza ao "tirar-lhe tudo que lhe sobra", segundo a irônica imagem de um escultor, e a pedra de mármore se transformará em uma estátua, em um *bem*. A estátua continua conservando as características de mármore comum: peso, constituição química, dureza, entre outros. Entretanto, foi-lhe agregado algo que o converteu em estátua. Este agregado é o valor estético. Os valores, em consequência, não são nem coisas nem vivências nem essências: são valores. (Risieri Frondizi)

Características importantes dos valores

Quando se fala de características dos valores, pretende-se explicitar sua forma de serem interpretados ou organizados, em geral tendo como referência uma teoria axiológica. Normalmente se tem falado de:

Polaridade

Sob esta característica se entendem os extremos que representam os valores. Assim como existe o frio e o calor, como polos opostos para indicar a temperatura e o clima, os valores operam sob a mesma lógica. Identificamos o valor em si e seu contrário, denominados valor negativo, "antivalor" (contravalor, desvalia e desvalor); por exemplo: existem o justo e o injusto, o belo e o feio, o bom e o mau, a verdade e a mentira, etc.

A polaridade leva a pessoa a assumir posições e a fazer escolhas com a sua atitude valorativa ou sistema de valores. Dessa forma, um antivalor pode conduzir alguém a assumir uma postura ou atitude de rejeição; já um valor pode motivar uma aproximação dos objetos, de pessoas e de eventos em geral.

Aceita-se que os valores sejam desejáveis ou agradáveis e que os antivalores sejam indesejáveis ou motivo de repúdio. Por exemplo: é desejável a prática do respeito e é objeto de censura a intolerância por parte de certos grupos ou pessoas.

Desde pequenos nos é inculcado o costume de obedecer, de tal modo que, logo essa obrigação social é vivida como uma lei natural à qual é impossível resistir. É verdade que, se queremos, podemos pular de uma janela, mas a consequência inevitável será que nos arrebentaremos no chão. Do mesmo modo poderemos, certamente, infringir um costume social, mas seremos recriminados e, se o costume em questão é vivido pela sociedade como necessário para a conservação, a infração poderá chegar a ser paga com a vida, exatamente igual ao salto pela janela. (José Luis Aranguren)

Hierarquia

Os valores podem estar hierarquizados, ou seja, explicados sob um ponto de vista "superior" ou "inferior". Isto supõe certa *gradação* em sua vivência, ideal ou aspiração. Argumenta-se que as pessoas *preferem* os valores superiores, mas que podem optar pelos inferiores de maneira circunstancial. Assim, num momento, o que seria valioso para um grupo de indivíduos perde a sua estima quando não corresponde à necessidade da situação real. Por exemplo, uma pessoa pode ter suas necessidades materiais plenamente satisfeitas, mas carecer de afeto e amor. Nesse caso, os bens abundantes não conseguem suprir a satisfação pessoal que implicaria em ser amada.

No que diz respeito ao valor, é claro que a superioridade ou a inferioridade não diminui sua importância essencial. No exemplo anterior, tanto a satisfação das necessidades básicas como a das necessidades emocionais são importantes, independentemente do lugar que a elas designamos.

A valorização é a reação humana diante de um fato ou acontecimento. Esta reação subjetiva que concede ou nega valor é a manifestação da vontade: quero ou não quero, se diz. Valor é o objeto real ou ideal de uma valoração afirmativa. (Alejandro Korn)

Dependência

Por outro lado, admite-se a *não existência* em si de um valor, assim como dos objetos na realidade, mas as qualidades que denominamos valores requerem *depositários* ou *receptáculos* nos quais adquirem significação. Por exemplo: a beleza de uma escultura, a elegância e a sofisticação de um automóvel, a simplicidade de um vestido: é possível notar que os objetos ou depositários de valor podem existir sem essas características, exceto no caso de suas qualidades primárias, como peso, extensão, entre outras.

Daí concluímos que os valores são qualidades *sui generis* atribuídas a certos objetos denominados *bens*.

Historicidade

Na atualidade, propõe-se o caráter histórico dos valores. Algumas perguntas que surgem são: Os valores mudam? Como poderiam ser afetados com o passar do tempo? São praticados desde sempre? Sua aquisição e fundamentação teórica resultam de uma reflexão mais recente?

A essência e a universalidade dos valores constituem aspectos muito importantes que devem ser levados em conta. O relativismo pode causar certa distorção em sua compreensão. Supõe-se que os altos ideais, dos quais os valores constituem um componente importante, existem desde a origem da humanidade. Os homens tentaram, com pouco acerto, incluí-los nas interações humanas e no desenvolvimento das ciências e do conhecimento em geral.

No entanto, cabe dizer que a estimativa que os homens fazem dos objetos através das épocas pode variar. Inclusive a situação é problemática neste campo, porque o próprio progresso material do homem e dos povos torna desejáveis e desejadas as variantes e inovações culturais e tecnológicas, que ao final constituirão um ciclo em que as coisas serão *reavaliadas* a partir de sua novidade ou funcionalidade.

Durabilidade

Considerando a característica anterior, pressupõe-se que os valores têm uma consistência existencial, isto é, mantêm a essência, a intencionalidade, a aplicabilidade e o fundamento moral através do tempo. Por exemplo, a bondade sempre é desejável em contraposição à maldade e suas manifestações. A verdade é valiosa perante o engano, a fraude ou a mentira.

Estruturalidade

Este aspecto está ligado à dependência e adquire um caráter contraditório, ainda que compreensível. Para adquirir significação, os valores (por serem qualidades empíricas) requerem portadores, mas não podem ser reduzidos a tais qualidades. Por exemplo, ao se afirmar que o vestido é *elegante*, isso requer tecidos específicos com "qualidades empíricas" particulares, mas o valor da elegância como tal não se reduz às especificações mencionadas; ou seja, a elegância é uma incorporação significativa inerente ou anexa às qualidades do tecido em si.

Por outro lado, o valor se incorpora como parte de uma estrutura; seguindo o exemplo anterior, a estampa, seu processo de tratamento, seleção de tipos de tecidos e maquinário utilizado conferem uma estimativa ao vestido em questão.

Podemos designar como valor aquilo que faz as coisas serem boas, aquilo que nos faz apreciá-las, porque são dignas de nossa atenção e desejo. (Bernabé Tierno)

Funcionalidade/aplicabilidade

Os valores sugerem práticas para as pessoas. Mostram-lhe um caminho desejável e muito bom na convivência e na própria experiência pessoal. Assim, os valores são de caráter funcional, ou seja, ao serem postos em prática, ao se instrumentalizarem, ao se manifestarem no caráter e na personalidade, cumprem objetivos benéficos em todos os aspectos. Nesse sentido, os valores passam de simples ideais a manifestações e ações concretas que oferecem qualidade às interações pessoais em todos os âmbitos.

Transcendência

Os valores são incorporados por nós, oferecendo qualidade humana integral, atingindo corpo, alma e espírito. Trazem enriquecimento, poder pessoal, testemunho e autoridade. Moralmente falando, quem pratica valores e cresce como pessoa não é igual a quem não os pratica nem desenvolve um processo de maturidade, para o qual os valores têm muito a contribuir. A transcendência é fazer de sua história algo muito significativo, em que os valores melhoram o projeto de vida da pessoa e de seu entorno. O indivíduo e a sociedade adquirem importância na medida em que os valores fazem parte de seu curso diário.

Flexibilidade

Nem todas as pessoas praticam e vivem os valores igualmente. Pode-se dizer que há pessoas mais bondosas do que outras, ou mais criativas, mas isso não é algo *quantificável*. Alguns recebem mais benefício do valor de seu trabalho do que outros, mas, na essência, as pessoas praticam os valores com base em sua intencionalidade intrínseca: o bem e o bom.

Desta forma, os valores são flexíveis porque podem ser praticados em excesso ou ocasionalmente; porém este é outro assunto de caráter ético e moral. Não há duas pessoas iguais e perfeitamente bondosas no mundo, mas ambas podem praticar a bondade seguindo esse exemplo em sua vida e suas circunstâncias.

Satisfação

A prática dos valores redunda em um bem para a consciência do homem. Inscreve-o nos desígnios adequados da vida, com o fim de fazer e viver o bem, assim como na vontade do Criador, sempre interessado no bem de sua criação e de suas criaturas. Valores, emoções, sentimentos e atitudes convergem para o agir bem, o que demonstra a verdadeira dignidade dos homens. Daí que seja um absurdo agir e viver sem uma intenção, sentido ou propósito de vida, onde os valores constituem experiências de tipo emocional que dão sentido à existência.

Caráter inesgotável

Os valores nunca se esgotam: sempre existe a possibilidade de praticá-los mais e mais, ou ainda alcançar maior virtuosidade com eles. Realmente nenhum homem – a não ser Jesus Cristo – pode dizer que obteve, por exemplo, a máxima bondade em todos os seus atos. Cada vez se pode ser mais bondoso, mais amável, mais solidário, e assim por diante.

CARACTERÍSTICAS IMPORTANTES DOS VALORES					
Polaridade	Hierarquia	Dependência	Historicidade	Durabilidade
Estruturalidade	Funcionalidade/ aplicabilidade	Transcendência	Satisfação	Inesgotabilidade
		Flexibilidade		

A *transmissão dos valores*

Como se aprendem os valores? Como se transmitem? Como se captam?

A interiorização dos valores é um processo de aprendizagem baseado na experiência interna e externa do sujeito. Corresponde ao homem realizar o ato de valoração em relação a tudo o que o rodeia. Daí que a finalidade dos valores implique, entre outras coisas, o desejo e a conquista da felicidade das pessoas.

Os valores se apresentam ao homem de modo *objetivo* (existem qualidades valiosas nas coisas) e *subjetivo* (concede-se apreço às coisas). Cabe ressaltar que os valores são transmitidos por duas vias que não são únicas: de forma implícita e explícita.

De forma implícita

Esta via diz respeito aos valores que fazem parte dos grupos sociais e que se insinuam pelos meios de comunicação e sistemas governamentais mediante o exercício do poder. Os valores se infiltram aqui constantemente e as pessoas são influenciadas por eles no cotidiano. Assim, responsabilidade, ordem, obediência, pontualidade são sugeridos no convívio social.

De forma explícita

Este caminho trata dos valores mostrados de uma maneira mais formal e estruturada. Inicialmente a família é o instrumento transmissor dos valores, mas depois os grupos sociais (religiões, associações, centros educativos, filiações a diferentes grupos, tendências políticas, sistemas) organizam-se em torno de ideais e valores que guiam e enriquecem o comportamento e as interações entre as pessoas.

O exemplo: mediação para a transmissão dos valores

No tocante à sua realização, para a aprendizagem dos valores o exemplo é muito importante. A evidência do que se vê é um meio fundamental para o seu ensino e incorporação entre as pessoas, especialmente dos pais em relação aos filhos. Também é aplicável a grupos sociais, instituições e organizações.

O exemplo adequado da vivência de um valor pressupõe uma *congruência* por parte da pessoa que o ensina, isto é, deve existir uma coerência aceitável entre o que a pessoa diz, faz e sente. Isso torna efetiva a transmissão de um valor e mostra os seus benefícios reais no âmbito individual e grupal.

> Estamos tão identificados com o ritmo da sociedade de consumo que muitas vezes confundimos ter e ser: costumamos acreditar que quanto mais temos, mais somos. Frequentemente esquecemos que há coisas que não podem ser compradas, que a maioria das coisas boas não são vendidas. É evidente, pois, que se não decidirmos que valores hão de regular o mercado, será o mercado que nos imporá seus critérios. (Llatzer Bria)

A classificação dos valores

Quando se determina ou se requer uma classificação dos valores, os seguintes aspectos são considerados:
– Existem diversos tipos de valores, assim como existem diferentes áreas de necessidade e interação humana.
– Os valores podem ser identificados em "etiquetas" para sua maior compreensão e teorização.
– A distinção dos valores indica os nobres ideais para uma melhor convivência humana e desenvolvimento social integral.
– Os valores cumprem funções específicas em contextos par-

ticulares, dependendo dos objetivos propostos pelas instituições e organizações humanas.

– O indivíduo pode chegar a eles de maneira consciente, assumir uma postura diante deles, interiorizá-los e pô-los em prática.

Em relação à sua tipologia, são múltiplas as classificações dos valores feitas pelos autores (particularmente, os filósofos e axiólogos); em algumas delas se determina a orientação do autor, seja filosófica, teológica ou espiritual. O consenso é dado pela realidade de sua possível classificação e funcionalidade nas diversas interações humanas. Em seguida, serão abordadas algumas classificações a título de motivação ao conhecimento e construção deste tema, que é sempre atual.

Max Scheler (1941) classifica-os desta maneira:

– *Valores do agradável e desagradável*. Aqueles que oscilam entre o prazer e a dor pelo afeto que produzem. É a intuição emocional a que faz sua distinção na vivência da pessoa;

– *Valores vitais*. Aqueles que se experimentam em torno do aspecto biológico e fisiológico do homem. A saúde, a enfermidade, o vigor, que geram reações emocionais e valorativas no indivíduo;

– *Valores espirituais*. Aqueles diferentes do corpo. Experimentados pelo afeto espiritual. Surge a ideia do justo e do injusto; os valores estéticos, o belo e o feio; os valores da procura do conhecimento da verdade; a cultura, a ciência;

– *Valores do sagrado e do profano*. Aplicado a produções e objetos religiosos. Aqueles pertinentes ao que se considera santo ou profano, nas pessoas ou coisas. A fé, a crença, a incredulidade.

Lavelle (1955) assim os classifica: *intelectuais, estéticos, morais, espirituais, afetivos* e *econômicos*.

Para Maslow (1979), existem valores: *de desenvolvimento, de sobrevivência* e *defensivos*.

Por sua vez, Frondizi (1972) agrupa-os em:

– *Valores inferiores*: econômicos e afetivos;

– *Valores intermediários*: intelectuais e estéticos;

- *Valores superiores:* morais e espirituais.

Marín Ibáñez (1976) assim os classifica:
- *Valores técnicos:* econômicos e utilitários;
- *Valores vitais:* educação física e para a saúde;
- *Valores estéticos:* literários, musicais e pictóricos;
- *Valores intelectuais:* humanísticos, científicos e técnicos;
- *Valores morais:* individuais e sociais;
- *Valores transcendentais:* cosmovisão, filosofia e religião.

O apóstolo São Paulo sugere os seguintes valores que deveriam reger o pensamento do homem em geral, de acordo com a Carta aos Filipenses, capítulo quarto, versículo oitavo: *verdade, nobreza, justiça, pureza, amabilidade, dignidade, virtuosidade, admiração* ou *louvor.*

Também é muito importante mencionar a escala de valores de Milton Rokeach (1973), que os classificou em *terminais* e *instrumentais:* os primeiros representam estados *desejáveis* da existência, orientam-se para o aspecto pessoal ou se centram no eu, e no aspecto social ou de relações interpessoais; por sua vez, os valores instrumentais são condutas desejáveis no âmbito moral ou pessoal, conforme o quadro abaixo:

Valores terminais	Valores instrumentais
Amizade verdadeira	Afetuoso
Amor pleno	Alegre
Harmonia interna	Ambicioso
Felicidade	Autocontrolado
Igualdade	Capaz
Liberdade	Cortês
Prazer	Honrado

Reconhecimento social	Independente
Respeito a si mesmo	Imaginativo
Sabedoria	Intelectual
Salvação	Limpo
Segurança familiar	Lógico
Segurança nacional	Magnânimo
Sentido do cumprimento	Obediente
Um mundo belo	Responsável
Uma vida emocionante	Prestativo
Uma vida confortável	Valente
Um mundo de paz	Tolerante

Algumas dificuldades em torno dos valores

Os valores têm sido qualidades identificadas e conceituadas no âmbito teórico. A temática é transversal a quase toda a história da filosofia. Sua aplicação e prática têm sido o objetivo ideal dentro do complexo mundo da convivência humana.

Falar de valores implica entrar no campo da autenticidade da pessoa, das instituições e das diversas produções culturais, pois eles aparecem como *ideais de comportamento* e interação que *poderiam* ajudar ou contribuir para a construção de um mundo melhor.

Filosófica e axiologicamente seria possível oferecer outras teorias e classificações muito interessantes; no entanto, grande parte da problemática em torno da *crise de valores* na humanidade se centra na sua falta de autêntica prática cotidiana, além da tendência constante do homem para o mal, onde encontra dificuldades para um comportamento eticamente "perfeito".

A seguir, serão apresentadas algumas dificuldades "práticas" em torno da questão dos valores.

Inautenticidade

Está demonstrada a incapacidade de a pessoa se comportar de maneira perfeita. Cada indivíduo comete erros e pratica algumas condutas eticamente boas, porém outras não tão boas escapam do controle de sua vontade. De modo que se praticam alguns valores medianamente, enquanto outros perdem relevância para a pessoa e, inclusive, são descuidados. Ser autêntico, então, vira certa imposição positiva para uma vida plena de valores. Cabe acrescentar o caráter "perfectível" do homem, no qual a prática de valores tem um papel fundamental.

Incongruência

"Falar, mas não praticar": eis outra dificuldade em torno dos valores. Parece fácil discorrer sobre o bem e o mal, o justo e injusto, o ético e o não ético, e, entretanto, incidir em condutas e ações contrárias ao que se ensina ou apregoa aos outros. A incongruência é uma das principais dificuldades nas relações interpessoais, significa uma distância ou contraste negativo entre o que se diz ser e como realmente a pessoa age. Por isso, muitas vezes se justifica que um exemplo é mais eficaz do que discursos ou palavras carentes de valores profundos.

Superficialidade

Os valores são muito importantes em sua prática: sua execução é benéfica e sua manifestação contrária (antivalores, contravalores) causa danos. Dessa forma, os valores não podem ser meramente sugeridos ou estipulados como requisitos desejáveis em toda instituição. Realmente se requer que as pessoas os ponham em prática para tomarem consciência de seus benefícios nas diversas relações pessoais. Muitas entidades, por exemplo, enunciam valores "corporativos" que em muitos casos não são praticados nem mesmo pelos seus gestores que partilham da mesma visão e missão corporativa. Os valores não são superficiais, mas *essenciais* para a vida.

Relativismo

Especialmente no âmbito moral, nem todos os caminhos, opções ou escolhas levam a pessoa ao porto seguro e triunfante. Nesse sentido e como exemplo, não é o mesmo enriquecer-se à base de trabalho disciplinado, bem administrado, e enriquecer-se de modo ilegítimo, mediante atividades ilícitas ou desonestas. Aparentemente ambas geram riquezas, mas o destino moral das pessoas pode ser incerto, como evidentemente se costuma observar nos meios massivos de comunicação. Nesse caso, as coisas *não* necessariamente dependem do ponto de vista do observador.

Mistificação

Também é possível falsear os valores. Isso acontece quando se dá a conotação de boa ou aceitável a uma atitude, um evento, uma pessoa ou uma situação, mas no fundo ou na essência as atitudes não são totalmente corretas e éticas. Em sentido mais literal, corre-se o risco de chamar o bom de mau e o mau de bom. Os exemplos podem esclarecer: alguém que ajuda muitas pessoas, mas seu dinheiro provém de fontes ilícitas; ou alguém que progrede, mas a obtenção de seus ganhos e sua prosperidade advêm de negócios ou atos escusos em sua empresa ou trabalho.

Na verdade, a sociedade está bastante permeada por esta problemática que, por ser complexa, muitos preferem não abordar em sua própria estimativa moral. E ainda que isso pudesse ser uma solução, não entrar nos debates em questão geraria uma dificuldade: as ações indevidas sempre desembocam em consequências que as pessoas não podem evitar, apesar de suas habilidades e astúcia. A consciência, realmente, não é um caminho que se possa esquivar.

Confusão

Pode acontecer de não se saber que valores privilegiar ou se, na realidade, há ou não esses valores na própria vida. A confusão de valores indica certa ignorância quanto à necessidade de prática real. Por outro lado, todos os valores são importantes; a sociedade não pode prescindir de nenhum deles, pois chegam a ser princípios orientadores do comportamento desejável ou da conduta adequada. Não é fácil ser eticamente puro, mas a melhor atitude, em regra, é aquela em que o indivíduo, a sociedade e uma instituição se inclinam para o bem e para a verdade, enfrentando o que isso lhe pode custar.

Escapismo

Também é possível pensar que os valores não nos competem, não combinam conosco e são da incumbência de outras pessoas, dadas a tais temas e estilo de vida. Na realidade, não é porque se ignoram os valores que eles desaparecem da essência das coisas. Por exemplo: por mais que se negue a beleza de uma paisagem, esta não deixa de existir só porque não é objeto de nossa observação ou interesse. A indiferença, a intolerância, a insensibilidade, a rebeldia e a anarquia pretendem precisamente negar a realidade valorativa das pessoas e demais formas de pensar.

DIFICULDADES EM TORNO DOS VALORES		
Inautenticidade	Incongruência	Relativismo
	Superficialidade	
Mistificação	Confusão	Escapismo

Interdependência e integração entre os valores

Falar de *interdependência* de valores sugere a ideia de que eles não permanecem ou atuam isoladamente, mas sim mantêm uma relação importante entre si. Um valor pode pressupor outro ou facilitar sua prática e intencionalidade. Desta forma, alguém que, por exemplo, *ama* verdadeiramente os demais, apesar de serem de condição diferente, encontra mais facilidade, por assim dizer, para *tolerar, respeitar, expressar misericórdia e bondade* a outras pessoas.

Um valor contribui para a realização de outro, mas também facilita sua *integração*. Assim, no caso do exemplo anterior, como o amor requer *sacrifício*, o *compromisso*, a *tolerância*, o *respeito*, o *perdão* e a *fidelidade* são valores que atuam como elementos integradores para uma melhor realização prática pessoal e interpessoal. Nesse sentido, um valor facilita a prática ou a possibilidade de outro. Assim, pode-se ver que, ainda que conceitualmente cada valor tenha certa "pureza", na realidade requer outro para seu desenvolvimento. São necessárias evidências em relação ao valor que se está praticando.

CAPÍTULO I

Valores para crianças

Os *valores* constituem as qualidades desejáveis em toda a ação e atividade humana. São considerados padrões e ideais que fariam do comportamento humano um acontecimento mais coerente e autêntico nas vivências e nas diferentes interações humanas.

A infância, como época crucial para os eventos significativos da vida, representa uma oportunidade para incutir e fundamentar nas crianças as ações e os comportamentos valorativos que lhes permitirão uma vida com maior significado, autenticidade e qualidade com as pessoas que as rodeiam, assim como os bens que lhes são dados para seu uso e administração.

Para as crianças, os valores são os indicativos dos comportamentos desejáveis e *corretos* que se expressam no agir humano, seja individualmente ou em grupo, e que evidenciam a qualidade e a ética da pessoa. *Ser honrado, disciplinado, amigável, agradecido* revela valores que elevam a qualidade da atitude humana na convivência, além de ser uma clara evidência do crescimento pessoal do indivíduo.

As crianças incorporam os valores pela via direta do *exemplo*, baseiam-se no que fazem seus modelos imediatos e não tanto no discurso ou na futilidade das palavras que não são acompanhadas de ações congruentes. A incorporação e explicação teórica vêm como um complemento posterior, na conceituação e ensino (aprendizagem) dos valores.

As crianças *observam* e *avaliam* como agem seus pais, seus familiares, seus amigos e daí tiram suas próprias conclusões: "Papai é firme quando dá uma ordem; mamãe nos exige organização em casa, o professor trata muito bem a todos". Os defeitos não lhes escapam: "Meu pai fala mentiras; meus irmãos são agressivos; meu professor nunca me dá atenção". Essas frases são exemplos dos caminhos interpretativos que assumem as ações que implicam valores.

Na primeira parte deste capítulo são propostos treze valores básicos para serem ensinados às crianças, desde a mais tenra idade, e que podem contribuir significativamente para as fases seguintes da adolescência e da idade adulta. A escolha foi feita livremente, uma vez que todos os valores são importantes; no entanto, são sugeridos como essenciais para essa etapa da infância.

1. Disciplina

> Do lat. *discere* = aprender.

Objetivo

Fundamentar o valor da disciplina para a criança como forma de instruir a sua vida no dia a dia.

Fundamentação

A palavra "disciplina" procede do latim *discere*, que significa "aprender", de modo que – como um valor, uma atitude, uma ação – representa a capacidade de fazer o que se deve, apoiado na *possibilidade de ser organizado e constante nas atividades da vida cotidiana*.

Essa preciosa qualidade tão difícil, mas não impossível de se conseguir, permite às pessoas adquirirem bons hábitos, melhorarem as práticas nas diversas habilidades, dominarem-se em seu caráter e agirem diante daquilo que não convém e que poderia afetar o indivíduo.

Nas crianças, a disciplina começa a se consolidar desde a mais tenra idade mediante as atividades simples que percebem em seu lar, algumas das quais lhes são solicitadas para a aquisição de hábitos de vida adequados. Aplicam-se também às atividades de socialização secundária (grupos externos), como se verifica nos exemplos abaixo:

Atividades que se aprendem em casa

– Asseio e ordem habitual.
– O horário em que o pai, a mãe ou outros familiares realizam suas atividades (como a hora de se levantar, tomar café, ir para o

trabalho, retornar, deitar-se, entre outras) revelam regularidades que indicam certa organização na vida do lar.

Atividades delegadas

- "Guarde sua roupa no armário."
- "Ponha seus sapatos na sapateira."
- "Vamos comer juntos, sentados à mesa."
- "Não demore tanto no chuveiro."
- "Acostume-se a deixar as coisas em seus lugares."

Atividades em grupos sociais

- "Você deve ir hoje também ao colégio."
- "Não se esqueça de suas tarefas."
- "Lembre-se de deixar tudo pronto para amanhã ir ao clube."

Essas são diversas atividades que ensinam rotinas e hábitos valiosos para a vida e que a criança irá assimilando porque se vê imersa nessas práticas, isto é, no exemplo e no ensinamento que lhes são transmitidos por seus pais ou cuidadores.

Na essência, a disciplina é a capacidade de aprender, disposição para extrair da vida e das ações o mais conveniente, conhecimentos úteis para ter qualidade de vida pessoal e interpessoal.

É importante o papel que exerce a vontade na formação da disciplina como motor que leva a pessoa a decidir e a escolher a melhor ação que favoreça sua vida e a dos demais. Importa que a criança perceba que os bons hábitos são produtivos, dignificam as pessoas e lhes tornam a vida mais ordenada e com sentido.

Entretanto, cabe esclarecer que a disciplina não é necessariamente equivalente a *castigo*. A ideia é que a disciplina *corrige, orienta, mostra o caminho correto que se deve seguir para não errar tanto na vida.* Como sustentam alguns autores, a disciplina mostra os limites, as fronteiras que devem ser respeitadas na vida para evitar consequências desagradáveis de atitudes descontroladas e sem responsabilidade.

Palavras que surgem da disciplina e ensinam o seu sentido prático: disciplinado, disciplinas, discípulo, discente, díscolo...

Ensinar a disciplina às crianças

– Como adultos, dar exemplo de ordem e organização. O exemplo é um dos principais transmissores de valores e virtudes entre as pessoas, pois a congruência se manifesta na mínima concordância entre o que alguém pensa, diz e faz. Esse exemplo se refere aos comportamentos habituais no lar (asseio, horários, regras estabelecidas para a harmonia entre os membros da família, rotinas, projetos a curto e médio prazo).

– As regras estabelecidas no lar devem ser claras e possíveis de todos cumprirem, incluindo, certamente, as crianças. Tais regras são inalteráveis para o bem do grupo familiar, mas não inflexíveis a ponto de se tornar uma carga pesada, especialmente para os filhos (como a hora relativamente adequada de ir para a cama).

– A disciplina não é agradável para ninguém; existirá sempre a tendência a resistir e a agir segundo a própria vontade. Isso a criança sabe quando trata de burlar a autoridade dos pais, descobre o modo de manipular e obter as coisas. Para ela, a constância no que lhe é ensinado é importante; assim, pela aprendizagem saberá o que é esperado dela e, além disso, o que deve fazer (por exemplo, levar sua roupa para o cesto).

– A correção do tipo verbal explicará à criança o motivo do erro, o que se pretende modificar em sua vida e como se beneficiará.

– Estabelecer acordos mínimos com os filhos é básico para a formação em autodisciplina; a criança sabe que pode obter aquilo, mas também haverá de cumprir certas condições nas quais deverá pôr em ação seu caráter em formação. Cabe esclarecer que isto não se cumpre por *amor,* pois os pais e adultos em geral devem amar as crianças incondicionalmente, isto é, pelo fato de *serem* crianças.

– Medir o consentimento dado aos filhos; deve-se entabular relações normais e adequadas com eles. A superproteção não lhes deixa amadurecer nas responsabilidades e atividades que devem executar por si mesmos, o que pode chegar a abrir uma brecha para a irresponsabilidade.

– Estimular e entusiasmar a criança quando tem comportamentos bons e acertados (produtivos). Ser ordenado, obediente, aplicado em suas tarefas, ter êxitos diversos que conquista apesar de sua pouca idade: tudo isso o revela como um bom filho, membro do sistema familiar.

– Se há possibilidade de ler para a criança textos infantis, fábulas, contos, pode-se aproveitar os personagens e suas ações para refletir com ela sobre os valores ali envolvidos. Provavelmente a disciplina se destaque para ser analisada e interiorizada com a criança.

Benefícios da disciplina para as crianças

Pais, não exaspereis vossos filhos. Pelo contrário, criai-os na educação e doutrina do Senhor. (Ef 6, 4)

– Incorporar hábitos adequados em prol de mais qualidade de vida.

– Os pais que disciplinam seus filhos certamente poderão contar com eles no futuro.

– A criança se *sentirá amada,* pois a disciplina com amor mostra-lhe que a correção e a educação objetivam o melhor para a sua trajetória.

– A criança aprenderá a gratidão ao ser educada, amada, encaminhada em sua vida, muitas vezes indefesa.

– À medida que enfrentar novos desafios, será capaz de continuar adiante porque contará com aprendizados anteriores.
– Aprenderá a pensar em possíveis consequências e limites de seus atos para a futura tomada de decisões.
– Terá bases para ser um cidadão que convive e respeita seus semelhantes.
– Adquirirá bases sólidas para terminar as coisas que começa, por mínimas e simples que sejam.
– Obterá vantagens importantes em sua vida emocional, fruto de seu domínio próprio.

Alguns especialistas nos ensinam

Todo ser humano apresenta uma resistência inata à obediência. A disciplina anula essa resistência e, mediante a constante repetição, faz da obediência algo habitual e inconsciente. (George Smith Patton)

Adquirir autodisciplina exige perceber claramente que é melhor abordar as tarefas difíceis enfrentando-as, por mais desagradáveis e difíceis que possam ser, ao invés de evitá-las. Dominar a raiva é algo que às vezes se conta dentre os atos mais difíceis que alguém possa praticar. Mas seja como for, domine-se! Será a mais fácil das duas atitudes que alguém pode tomar. Se alguém acaba caindo no hábito de se irritar, esse mau hábito é fortalecido. E quando por fim já quer dominá-lo, o hábito será muito mais forte. Com as crianças se verá que essas ideias são especialmente aplicáveis, porque elas podem ser muito irritantes e teimosas. Quanto mais se luta com elas, pior se comportam; logo se pode ver que se caiu em uma briga pelo poder, que pode ser mais devastadora do que se poderia crer. Estará o pai tratando de demonstrar a seu filho que ele é mais poderoso, e a criança tentará provar que é mais poderosa que o pai. O que o pai não sabe é que a criança está certa. As crianças não se preocupam com o que devem fazer para ganhar uma luta semelhante, assim jogam sujo, pegam por baixo do cinturão, por assim dizer, e jogam amoldando-se a um conjunto de regras que o adulto não poderia seguir. Numa luta pelo poder travada contra uma criança, sempre se leva a melhor se um não se empenha na disputa. Há que se retirar dela completamente. Deixe que a criança sofra seus erros. Essa é a pressão que ao final modificará seu comportamento, e não a raiva do adulto. (Dr. Paul Hauck)

Muito se escreveu sobre os perigos de uma disciplina rude, opressora e carente de amor. Essas advertências são válidas e é preciso dar importância a elas. No entanto, as consequências da disciplina opressora foram mencionadas como justificação para a abdicação da autoridade. Isso não é sensato. Há ocasiões em que uma criança de vontade forte aperta os punhos e desafia seus pais a aceitarem suas exigências. O que a motiva não é a importunação nem uma hostilidade interna, como se costuma supor. A criança simplesmente quer saber até onde chegam seus limites e quem está disposto a impedir que sejam transgredidos. Onde melhor progridem as crianças é em uma atmosfera de autêntico amor, sustentado por uma disciplina razoável e firme. Em uma época em que se generalizou o uso das drogas, a imoralidade, as doenças sexualmente transmissíveis, o vandalismo e a violência, não devemos depender somente de bons desejos e sorte para formar as atitudes críticas que valorizamos em nossos filhos. A permissividade não somente falha como estratégia para a criação dos pequenos, mas resulta em desastre para aqueles que a praticaram. (James Dobson)

Fundamento espiritual

Estais esquecidos da palavra de animação que vos é dirigida como a filhos: Filho meu, não desprezes a correção do Senhor.

Não desanimes, quando repreendido por ele; pois o Senhor corrige a quem ama e castiga todo aquele que reconhece por seu filho. Estais sendo provados para a vossa correção: é Deus que vos trata como filhos. Ora, qual é o filho a quem seu pai não corrige? Mas se permanecêsseis sem a correção que é comum a todos, seríeis bastardos e não filhos legítimos. Aliás, temos na terra nossos pais que nos corrigem e, no entanto, os olhamos com respeito. Com quanto mais razão nos havemos de submeter ao Pai de nossas almas, o qual nos dará a vida? Os primeiros nos educaram para pouco tempo, segundo a sua própria conveniência, ao passo que este o faz para nosso bem, para nos comunicar sua santidade. É verdade que toda correção parece, de momento, motivo de pesar que de alegria. Mais tarde, porém, granjeia aos que por ela se exercitaram o melhor fruto de justiça e de paz. (Hb 12, 5-11)

2. Obediência

> Do lat. *oboedire* = obedecer.

Objetivo

Fortalecer e motivar nas crianças a aprendizagem da obediência, como um meio de estabelecer relações responsáveis em diversos âmbitos da vida.

Fundamentação

Dentro do processo de desenvolvimento, formação e inclusive crescimento integral da criança, não há um aspecto tão importante, tão debatido, tão discutido e tão polemizado como o do ensino da obediência, certamente muito ligado à disciplina.

A obediência é a *disposição voluntária de se sujeitar* a algum tipo de autoridade, que geralmente se divide em dois grandes parâmetros: a obediência a alguém (pessoa, instituição, lei) ou a Deus.

Algumas palavras que giram em torno do termo "obediência" o explicam muito melhor: *acatar, cumprir, abster-se, aceitar*, entre outras. São aspectos desejáveis da prática da obediência quando imposta por lei, norma ou acordo estabelecido que trazem benefício às partes envolvidas.

Este valor fundamental na vida de toda pessoa a prepara e lhe abre caminho para uma vida social sob os parâmetros mínimos de respeito pelas normas que os homens estabelecem para levar a vida e interagir da melhor forma possível, uns com os outros. Isto também responde à ordem hierárquica que a vida estrutura, colocando as pessoas em diferentes níveis de responsabilidade.

Obedecer, quando é uma ação compreendida pela pessoa que deve cumprir ou executar o estabelecido – claro que partindo dos parâmetros do bem e da bondade –, a faz amadurecer, entender e participar em diversas interações das quais sairá com dignidade, porque a obediência faz parte do existir para agir do melhor modo possível, conforme as leis divinas do amor e da tolerância mútua.

A obediência traz domínio ao caráter da criança, respeito às normas, à autoridade, primeiramente de seus pais, e depois de seus cuidadores ou formadores: professores, tutores, mentores. No futuro obedecerá na sociedade, no lugar de trabalho, em seu próprio negócio, em sua própria vida, nas instituições às quais se filiar.

Na criança, a obediência deve ser proposta a partir do amor que disciplina, corrige, faz do mandato o mais rentável para o seu cumprimento, pois a transgressão da norma traz em si o castigo, o látego, a culpa, o vazio interior, ao sentir que se violam parâmetros em essência orientados para o bem da própria pessoa e da humanidade. Nunca serão a mesma, por exemplo, uma criança que rouba e outra que não rouba; uma criança que mente e outra que se abstém de mentir. Há uma diferença ética e moral nestes polos de comportamento, como acontece no caso de uma criança obediente em face de outra desobediente (voluntariosa, rebelde e indisciplinada).

Também pode argumentar-se que a obediência corresponde ao cultivo e exercício da vontade; esta se dispõe a velar pela norma, pelas regras do jogo, pelos convênios estabelecidos, os acordos, de uma maneira mais simples do que uma pessoa cuja vontade é impulsiva ou desafiante.

A obediência na criança deve ser inspirada pelos pais que lhes dão exemplo de cumprimento das normas sociais, dos regulamentos e acordos de seus próprios trabalhos, primordialmente, da sujeição e autoridade exercida por seus responsáveis, a qual lhes faz tomar decisões adequadas e viver melhor. Benefício que as crianças percebem.

Se bem que a criança trata de pôr à prova a autoridade de

seus pais, com a possibilidade de impor o comportamento insubordinado. A obediência às normas mínimas de convivência e respeito no lar não são negociáveis, no sentido de que não devem ser negligenciadas ou banalizadas. De fato, muitas das dificuldades que os pais contemporâneos têm com seus filhos adolescentes radicam na perda da autoridade, por excesso de permissividade. Pode-se dizer que os filhos aprendem a manipular, a intimidar seus pais com atitudes, gestos, linguagens próprias, tendo que deixar-lhes fazer o que desejam para não agravar mais a situação.

A autoridade que motiva a obediência edifica o indivíduo no que diz respeito à honra, à disciplina, à humildade, à bondade. São valores desejáveis a todo custo, em uma sociedade com muitos aspectos de rebeldia, divulgados através de muitos programas de televisão e outros meios de comunicação.

Como pai e educador, é necessário ter consciência muito clara de que a rebeldia, o caráter voluntarioso, sem misericórdia, insensível, desafiante, resistente e oposicionista devem ser combatidos na formação da criança em vista de uma sociedade e lares repletos de unidade e respeito interpessoal.

Desse modo, deve-se exercer, sem sombra de dúvidas, a obediência racional, bondosa e dignificante às pessoas investidas em autoridade, assim como a obediência devida ao Criador (Deus), que estabeleceu seus estatutos eternos em benefício do próprio homem. Esse paradigma universal é representado pelos Dez Mandamentos, norma máxima de convivência, obediência, disciplina, ética e progresso das pessoas. É desnecessário dizer que a transgressão a esses mandamentos no dia a dia é revelada nas calamidades e desastres que ocorrem entre as pessoas ao violarem as leis eternas.

> Obedecei mais aos que lhes ensinam do que aos que lhes mandam. (Santo Agostinho)

Ensinar a obediência às crianças

– A autoridade é vivida adequadamente entre as pessoas que cercam a criança e exercem influência em sua formação de modo geral.

– Pai e mãe mantêm um equilíbrio saudável nas funções de autoridade, delegadas um *pouco* mais pelo pai (o que jamais tira a importância do trabalho materno).

– Os pais dão exemplos de *ações e trabalhos concretos* que podem ser sugeridos aos pequenos, como ajudar na limpeza e na ordem.

– Ensinar que Deus deseja que a criança se comporte bem. Isso significa *dar importância* às coisas boas.

– A autoridade se exerce com amor, e não sob a repressão ou implicações e consequências agressivas que poderiam decorrer da transgressão de uma regra. As crianças e as pessoas em geral estão convencidas de que, quando agem, o mais sensato é ter bom comportamento. A propósito disso, muitos filhos e alunos têm mais medo do que respeito pelos pais e professores. A verdadeira autoridade gera respeito, porque a norma é dada como exemplo de dignidade.

– A prática dos valores em geral é evidência de obediência aos princípios éticos e morais. É bom refletir e analisar com a criança sobre casos do cotidiano que implicam violar mandatos ou desobedecer; assim como também apreciar os bons comportamentos e a disciplina em outras pessoas.

– Agradar, elogiar, prestigiar com certa espontaneidade quando a criança age bem. O estímulo indica aprovação da atitude do pequeno.

– Explicar à criança em momentos de conversa que, geralmente, quando se apresentam dificuldades, a obediência é incômoda, mas seus resultados posteriores são muito satisfatórios. Por exemplo, alguém que decida vingar-se de outro poderia permanecer preso por toda a vida; enquanto outro que se controla e obedece a lei do perdão não terá tantas dificuldades com as outras pessoas.

– Os encargos e as ordens dadas às crianças devem ser oportunos e adequados à sua idade e condição geral. Os pais às vezes se esquecem de que a criança é criança.

Benefícios da obediência para as crianças

– Satisfação constante do dever cumprido.
– Relações mais harmônicas e confiantes entre pais e filhos.
– Competências sociais adequadas ao seu ambiente educacional, social, cultural e esportivo.
– Respeito e tolerância pelas instituições diferentes.
– Adaptação social.
– Respeito a Deus, revelado em seus próprios comportamentos (consciência pessoal).
– Cumprimento de seus deveres, por mínimos que sejam.

Alguns especialistas nos ensinam

A criança ama a ordem e os regulamentos. Basta dizer-lhe: é a regra, é assim que se faz, para que se sinta espontaneamente inclinada a fazer o que lhe é pedido, sob a condição de que não se lhe peça um sacrifício excessivo. Por gostar da ordem, quer realizá-la ela mesma; se bem que admite que lhe ofereçam sugestões. Entretanto, não aceita que o façam por ela e se indispõe quando tentam fazer com que ela cumpra a ordem sem levar em conta o seu poder de livre iniciativa. Também há que ter cuidado para não romper a vontade da criança e tampouco a do adulto. Isso provocaria negativismos e recusas que mais tarde produziriam transtornos. Nos momentos de nervosismo, perde-se a razão: é preciso aguardar que passe a crise, somente depois pode voltar a valer a razão. (Paul Foulquié)

O brinquedo impossível

Um jovem casal entrou na melhor loja de brinquedos da cidade. Ambos se detiveram olhando os brinquedos dispostos na estante. Havia artigos de todo tipo. Não conseguiam se decidir. Aproximou-se uma vendedora muito simpática.

– Em que posso ajudá-los?

– Veja – explicou-lhe a mulher –, temos uma filha bem pequena e permanecemos o dia todo fora de casa, às vezes até a noite.

– Ela é uma menina que só sorri – continuou o esposo. – Queríamos comprar algo que a fizesse feliz, algo que lhe desse alegria, mesmo quando estivesse só.

– Sinto muito – sorriu a vendedora com gentileza –, mas aqui não vendemos pais. (Bruno Ferrero)

Existem dois princípios fundamentais sobre os quais se baseiam a educação do lar. O primeiro deles é o *amor*. Só se educa bem quando se distribui o amor, isto é, carinho, bondade, compreensão e disponibilidade para servir. Além disso, dentro do amor se inclui a disciplina própria da ordem, a correção, o ensino e a autoridade paterna. Disciplina também é respeito, responsabilidade e boa conduta, tanto dos pais como dos filhos.

O segundo princípio da educação no lar é o *bom exemplo*. Um pai notou que seu filho estava indo mal nos estudos. Suas avaliações eram fracas, não assistia à aula e até adotou atitude de menino rebelde. O pai, que havia sido um mau pai, decidiu mudar radicalmente a sua vida. Sua mudança foi tão notória que em poucos dias o filho lhe perguntou:

– Papai, por que agora você está sendo uma pessoa melhor e volta cedo para casa?

O pai sem saber o que responder lhe disse:

– Acontece, querido, que Deus me transformou.

Ao ouvir essas palavras, o menino abraçou fortemente seu pai e lhe prometeu:

– Eu também mudarei!

De fato, mudou. O mau exemplo paterno de antes o arruinara; o bom exemplo de agora o transformou. (Enrique Chaij)

Fundamento espiritual

Filhos, obedecei em tudo a vossos pais, porque isto agrada ao Senhor. (Cl 3, 20)

O filho sábio é a alegria de seu pai; o insensato, porém, a aflição de sua mãe. (Pr 10, 1)

Um filho néscio é o pesar de seu pai e a amargura de quem o deu à luz. (Pr 17, 25)

3. Respeito

> Respeitar (Do lat. *respecto, -as, -avi, -atum, -are*). 1. Ter respeito, deferência por (alguém ou algo); ter em consideração. 2. Não causar nenhum prejuízo a; poupar. 3. Demonstrar acatamento ou obediência a; cumprir, observar.
> Respeito (Do lat. *respectus*). 1. Ato ou efeito de respeitar(-se). 2. Sentimento que leva alguém a tratar outrem ou alguma coisa com grande atenção, profunda deferência; consideração, reverência. 3. Estima ou consideração que se demonstra por alguém ou algo.

Extraído do *Dicionário Houaiss*.

Objetivo

Consolidar nas crianças o valor do respeito como um meio de interagir dignamente com os demais, reconhecendo seus valores e qualidades.

Fundamentação

As relações entre as pessoas começam a se estabelecer desde a mais tenra idade. Que um indivíduo seja tolerante, piedoso e amigável com os outros depende, em grande parte, de que tenha sido educado num ambiente com essas características e influenciado por figuras de autoridade que foram seus primeiros educadores.

Para que as crianças no futuro tenham uma relação adequada com pessoas diferentes em suas interações, é fundamental inculcar-lhes o respeito, como consideração ou atitude/ação que leva em conta a dignidade e a estima da outra pessoa, sua individualidade, função ou status. O respeito surge diretamente da educação dada pela autoridade exercida e transmitida à criança por seus pais. Autoridade que indica ao pequeno a direção necessária para seguir as normas de convivência e o respeito a toda pessoa que represente autoridade.

De modo geral, alguns teóricos não estão muito de acordo com o conceito de autoridade, chegando ao extremo de chamá-la de repressiva e contrária à liberdade. Na realidade, uma coisa é o autoritarismo que oprime e anula; outra, a autoridade que mostra o caminho adequado da norma a seguir pela criança e, em geral, por qualquer pessoa.

O respeito é precisamente essa faculdade de se relacionar de modo honrado com os outros, sabendo que merecem as mesmas considerações que cada um exige para si. Assim, impõe-se ensinar constantemente a toda criança que a satisfação das necessidades das outras pessoas é tão importante quanto as dela. Para isso, não é preciso esperar um momento específico, em que se trate teoricamente de valores: mais oportuno será aproveitar os exemplos cotidianos e comentá-los com a criança.

Este valor representa um equilíbrio em face do próprio egoísmo que faz muitas pessoas exigirem respeito, mesmo não estando dispostas a dá-lo aos outros.

O respeito implica uma percepção que a criança pode obter ao ver que seus pais, ou outras pessoas que a cercam, tratam-se *bem* uns aos outros; falam bem uns dos outros; valorizam o que cada pessoa é. Além disso, evitam aquilo que é imoral, vulgar ou excesso de severidade no trato interpessoal.

> Sempre é mais valioso ter o respeito que a admiração das pessoas. (Jean-Jacques Rousseau)

Ensinar o respeito às crianças

– Se há respeito entre os cônjuges, essa atitude será assimilada pela criança conforme o modelo que vê em seus pais.

– Da mesma forma, se os pais são respeitosos com seus filhos, ficará evidente e os pequenos se sentirão valorizados, porque o respeito transmite sentimentos de valorização e aceitação.

– As crianças perguntam sobre as diversas profissões que identificam na vida diária: policial, médico, professor, sacerdote, esportista, comerciante, etc. Esta é a oportunidade de informá-las em que consistem esses ofícios e a honra de exercê-los, o que torna esses profissionais merecedores de respeito.

– Cada comportamento inadequado da criança corrigido por seus pais é uma lição de respeito para as situações concretas que serão vividas por ela.

– O uso da linguagem por parte dos pais é vital. Em lares onde a grosseria é normal, perde-se o respeito no relacionamento.

– Pais que se agridem entre si (ou quando um deles é violento com o cônjuge) transmitem agressividade como falta de respeito ao outro. As crianças se tornam agressivas pela aprendizagem baseada em um modelo influente.

– Por outro lado, se os pais praticam bons modos e regras de boa educação, isso será muito vantajoso para seus filhos, que aprendem a ser bem-comportados em qualquer lugar.

Benefícios do respeito para as crianças

– Aprendizagem do amor por seus semelhantes.

– Comportamento adequado em diferentes contextos em que interage.

– Reverência a Deus.

– Valorização das pessoas que exercem função de autoridade na sociedade.

– Atitudes tolerantes nas situações que requerem adaptação.

– Honra aos pais.

– Autovalorização diante do que faz. Sabe que há coisas que podem causar-lhe dano.

Alguns especialistas nos ensinam

Voltando ao tema do respeito, permita-me enfatizar que isso não poderá funcionar apropriadamente como algo unilateral, deve ser recíproco. Os pais não podem exigir que seus filhos os tratem com dignidade, se não estão dispostos a fazer o mesmo em troca. Os pais devem tratar seus filhos com cortesia, sem humilhá-los nem jamais envergonhá-los perante seus amigos [...]. Seus profundos sentimentos e solicitações, ainda que pareçam bobos, devem ser objeto de uma apreciação sincera. Eles devem sentir que seus pais realmente se interessam por eles. O amor-próprio é o atributo mais frágil da natureza humana. Pode ser prejudicado por incidentes menores e sua reconstrução costuma ser difícil de se realizar. (James Dobson)

O ramo de flores

Esbarrei com um estranho que passava e lhe disse:
– Perdão.
Ele respondeu:
– Desculpe-me por favor, não a vi.
Fomos muito educados, seguimos nosso caminho, nos despedimos.
Mais tarde, enquanto cozinhava, meu filho estava muito perto de mim. Ao me virar, quase trombei com ele.
– Sai! – gritei. O pequeno se retirou sentido, sem que eu percebesse que falei duro com ele.
Ao deitar-me, estando acordada, Deus me disse suavemente:
– Você tratou um estranho com cortesia, mas abusou da criança que você ama. Vá à cozinha e encontrará umas flores no chão, perto da porta. São as flores que ele colheu e lhe trouxe. Estava quietinho para fazer uma surpresa, mas você nem viu as lágrimas que encheram os olhos dele.

Senti-me como uma miserável e comecei a chorar. Suavemente me aproximei e me ajoelhei junto de sua cama. Eu lhe disse:

– Acorda, meu filho, acorda. São estas as flores que você colheu para mim?

Ele sorriu e disse:

– Encontrei as flores perto da árvore. Eu as colhi porque são bonitas como você, especialmente a azul.

– Filho, sinto muito pelo que fiz, não deveria gritar com você.

Ele respondeu:

– Está bem, mamãe. Amo você de qualquer jeito.

– Eu também amo você e gostei muito das flores, especialmente da azul.

Lembre-se de que, se morrermos amanhã, em questão de dias a empresa cobrirá o seu lugar. Mas a família que deixamos sentirá a perda pelo resto de sua vida. Pense nisso. Entregamo-nos mais ao trabalho do que à nossa família. (Rhina Isabel Hernández)

Fundamento espiritual

Tudo o que quereis que os homens vos façam, fazei-o vós a eles. Esta é a lei e os profetas. (Mt 7, 12)

4. Criatividade

> (Do lat. *creare*) 1. Conceber, tirar aparentemente do nada, dar existência a. 2. Dar origem a; formar, gerar. 3. Imaginar, inventar, produzir (algo geralmente original, novo ou de cunho científico, utilitário).

Extraído do *Dicionário Houaiss*.

Objetivo

Estimular nas crianças o valor e o uso da criatividade como um meio de melhorar a sua inteligência de modo geral.

Fundamentação

A faculdade de criar, *em essência*, corresponde a Deus. No entanto, a criatividade como função da inteligência ou dimensão próxima dela não caracteriza a maioria das pessoas, apesar de terem inteligência, com menor ou maior capacidade. Não obstante, as crianças parecem trazer consigo muita criatividade quando realizam seus primeiros trabalhos manuais, desenhos, atividades, que manifestam certas características próprias de originalidade e iniciativa. Isso não está de acordo com os critérios de estética, normas e instruções que os adultos já incorporaram como realizações adequadas. Seria possível afirmar que no adulto já existem processos mais elaborados e condicionados, por assim dizer, quanto à forma de fazer as coisas e compreendê-las, ou às expectativas que tem perante os acontecimentos do mundo.

A criatividade, além disso, não é um conceito fácil de precisar se for levado em conta que não existem parâmetros para definir quando alguém é ou não criativo. Pode-se dizer que a criatividade então seria:

– A *capacidade* ou faculdade de compreender objetos, eventos, situações da realidade sob vários pontos de vista, para enfrentá-los, desenhá-los ou instrumentalizá-los;

– A *operação* que se efetua sobre determinado objeto, processo ou evento para maior compreensão, apresentação, utilização e aplicação, mas que difere de procedimentos anteriores ou esquematizados. Nela se intercepta a *inovação*;

– A *atitude* diferente para enfrentar uma relação interpessoal rotineira;

– A possibilidade de *argumentar* opções distintas em face de um mesmo procedimento ou evento;

– *Recomeçar* um novo estilo de vida mais conveniente para o indivíduo;

– *Construir/reconstruir* novos objetos funcionais, úteis para a sociedade em geral.

Pelos parâmetros anteriores, é possível deduzir que a criatividade afeta diversas esferas do agir humano, mas sempre procura encontrar *novas* opções (mais inteligentes?) que gerem bem-estar e produtividade para a sociedade, no mínimo superando a própria rotina da vida cotidiana.

Mencionou-se que as crianças têm uma predisposição a inovar, recriar, construir – eventos que se observam em seus jogos, onde inventam, representam, estabelecem regras, produzem diálogos, constroem, etc., a partir de objetos simples, situações e novos objetos significativos. Por exemplo: quando uma caixa se converte em um veículo; quando vários cubos formam uma casa, entre inumeráveis exemplos.

Nesses períodos, a *estimulação*, o *comprometimento*, a *aprovação*, a *orientação espontânea* e *flexível* podem habilitar a criança a construir sua própria interpretação de certos eventos do cotidiano, além de dar sentido ao que faz. É possível que uma menina deseje fazer uma grande casa com lençóis e que um adulto perceba uma desordem a mais no lar. Deve-se ter cuidado quando se desanima uma criança naquilo que faz – sob o ponto de vista intelectual e afetivo –, o que pode acontecer quando não corresponde aos parâmetros e critérios do adulto. Aqui se esquece que *uma criança é uma criança*.

A criatividade vira um valor quando as produções da criança são estimuladas e tornam-se importantes para aqueles que a cercam: seus desenhos, interpretações musicais, construções, jogos caseiros, suas próprias ideias, a forma de resolver seus obstáculos, entre outras.

Toda criança é investigadora e criativa por excelência em razão do vigoroso despertar de sua imaginação e de sua fantasia, que de modo espontâneo conduzem ao pensamento criativo, também chamado pensamento divergente. (Bernabé Tierno)

Ensinar a criatividade às crianças

– Aproveitar as situações em que as crianças desejam brincar com os pais ou outros adultos, como um meio de validar e reafirmar ações novas, fruto de sua imaginação espontânea.

– Não perder a oportunidade, quando os pequenos exibem seus trabalhos (produções), de estimulá-los e dizer-lhes que o que realizaram está muito bom. É importante atentar para o perfeccionismo e a intolerância característicos de muitos adultos.

– Ajudar as crianças em seus trabalhos e atividades, dialogando com elas sobre a melhor forma de executá-los e vê-los em ação; mesmo assim, corrigi-las quando têm consciência de que podem fazer melhor.

– Dar presentes que "ajudam" a exercitar a sua inteligência; esses materiais estimulam a criatividade, representação e construção de objetos diversos. Por exemplo: blocos lógicos, livros de desenho, adesivos. É preciso considerar que os pais modernos compram para seus filhos brinquedos e artefatos de caráter agressivo ou violento, que orientam a criatividade para o mal.

– Analisar com as crianças ações e situações em programas que viram juntos (claro que aqui se trata de programas adequados quanto ao conteúdo, à orientação moral e aos valores). Não é muito construtivo assistir a filmes de pura violência para se "divertir" com os filhos.

– Eles também ajudam a resolver problemas na medida de seu desenvolvimento cognitivo e emocional. A opinião deles acerca de situações simples encoraja-os a pensar da melhor forma possível sendo úteis para seus pais ou para os outros.

Benefícios da criatividade para as crianças

– Encaram a vida com a melhor atitude possível desde a mais tenra idade, quando já enfrentam dificuldades.

– Preparam-se para assumir desafios e inconveniências em suas atividades, tarefas e obrigações.

– Conscientizam-se de que são contribuintes e participantes das mudanças nos contextos em que interagem.

– Têm melhor desempenho em seus trabalhos escolares de modo geral.

– Ao encontrar valor no que fazem, compreendem que é bom ser alguém na vida.

Alguns especialistas nos ensinam

É muito o que se pode conseguir trabalhando com seu filho ou sua filha, ajudando-os a desenvolver a imaginação criativa. Como? Dedicando bastante tempo a ler contos para eles. Quando você estiver lendo um conto como "A Branca de Neve e os sete anões" e a criança estiver muito interessada, peça-lhe que imite a maneira de falar de cada um dos anõezinhos. Há outras maneiras de desenvolver a criatividade e de se comunicar com seu filho. Dê a ele blocos de construção ou massa de modelar, então peça-lhe que exercite a imaginação e faça algo original. Se você dispõe de um quintal onde a criança possa brincar, um montão de areia onde possa construir casinhas ou qualquer coisa que a imaginação lhe permita fazer, o pequeno se manterá proveitosamente ocupado. Quando crescer pode-se dar-lhe brinquedos com peças soltas para juntar; sua imaginação se lembrará do passado e ele produzirá diversas estruturas. (Zig Ziglar)

Finalmente parece que, na opinião de diversos autores, a criatividade é característica essencial de uma pessoa sã e amadurecida. Penso como Maslow, que o ser humano adulto e maduro o é em boa medida se não perde a originalidade e a espontaneidade da criança que foi. Estas são suas palavras: "A maturidade está aparentada com a criatividade geral e ingênua da criança em estado puro". (Bernabé Tierno)

Fundamento espiritual

E Jesus crescia em estatura, em sabedoria e graça, diante de Deus e dos homens. (Lc 2, 52)

5. Unidade familiar

> (Do lat. *unitas, -atis*) 1. A qualidade ou estado de ser um ou único. 2. A qualidade de ser uno, de não poder ser dividido. 3. O número um.

Extraído do *Dicionário Houaiss*.

Objetivo

Ensinar às crianças o valor da unidade familiar como meio de estreitar os laços e o apoio contínuo dentro do lar.

Fundamentação

Ainda que a nossa cultura, o desenvolvimento tecnológico e a vida do trabalho tenham tido avanços extraordinários que facilitam as atividades diárias em todos os níveis, não se pode dizer que a unidade familiar represente uma instituição cujo desenvolvimento seja igualmente extraordinário. A verdade é que as famílias, conscientes da necessidade de compartilhar o tempo que as atividades lhes permitem, têm que recorrer à sua criatividade para aproveitá-lo com maior qualidade.

Com o auge do desenvolvimento constante da tecnologia, é notório que a vida profissional – com suas múltiplas exigências – tenha desestabilizado o tempo que os pais conseguem dedicar a seus filhos. Mesmo assim, as exigências baseadas nas necessidades que surgem dia a dia conduziram os casais a gastar a maior parte do seu tempo no trabalho, de modo que estar com os filhos chegou a ser parte da agenda, e não um evento natural como é compartilhar o tempo com a família. O assunto é delicado, basta ver a quantidade de problemas de crianças e jovens quando seus pais não lhes dedicaram tempo, ensinando-lhes assim o isolamento, além de outras prioridades que lhes roubaram o afeto e a convivência com seus pais. Em geral esses problemas atingem a criança em seu comportamento: rebeldia, chamar a atenção inadequadamente, solidão, aquisição de maus hábitos, pouca capacidade para o diálogo, etc. Assim, somando-se à dinâmica absorvente do trabalho moderno – produzir para ter e ter como prioridade – com a despreocupação de alguns pais em interagir com seus filhos, como algo que realmente não é o mais importante, pode-se entender como muitas crianças perdem o controle de seu comportamento, sentem que não são importantes para seus pais, já que existem outras coisas que são de maior interesse para eles.

A unidade familiar se caracteriza por esses parâmetros:

– Participar da mesa de refeições com a família. É um momento de desfrute;

– Planejar passeios recreativos (parques, jardins públicos, caminhadas, visitas, etc.) que quebrem a rotina pesada do dia a dia;

– Participar de decisões que influenciam no bem-estar do lar;

– Perceber a unidade entre os pais como modelo inspirador para as crianças;

– Ajudar mutuamente nos eventos e afazeres cotidianos.

A unidade familiar é a capacidade de viver e compartilhar em família, de modo que a vida do lar se torne mais significativa e atraente. Ela permite que outros valores possam ser praticados, porque isso vale a pena em um lar onde seus membros são importantes uns para os outros e têm claro sentido de pertença.

> O laço que une sua verdadeira família não é o sangue, mas o respeito e a alegria pela vida de cada um. (Richard Bach)

Ensinar a unidade familiar às crianças

– Os pais são os primeiros agentes da unidade familiar, com suas demonstrações de afeto, amabilidade, apoio aos filhos, de modo incondicional e responsável. Em geral os valores dos pais são o exemplo, positivo ou negativo, que os filhos vão receber e interiorizar.

– Os mestres participam com suas relações de grupo, suas interações pessoais, além da vivência de valores que implicam unidade familiar: respeito por seus companheiros, pelos diretores, pelos estudantes, pelos pais de família.

– Analisar com as crianças casos de estruturas funcionais positivas, mas também reflexões em torno de estruturas familiares despedaçadas, para tomada de consciência e escolha, assim como para a valorização de bons comportamentos em família.

– Saber escutar com interesse, ter discernimento quando as crianças enfrentam problemas familiares para realizar um trabalho de apoio, alguma possível intervenção, que chegue a envolver vários elementos do sistema familiar que estão causando dano emocional ao pequeno.

– Quando se utilizam contos, fábulas ou parábolas, identificar o valor da unidade familiar na medida das possibilidades oferecidas pelos personagens dessas narrações.

– O valor e a prática da oração são fundamentais, agradecendo pela vida dos entes queridos e pedindo a Deus proteção pela família em geral.

– Ainda que, em essência, as funções de um pai, uma mãe ou qualquer outro membro da família sejam muito claras, na realidade das crianças, algumas vezes suas funções são cumpridas, e outras vezes não. No entanto, impõe-se a conscientização de que a intencionalidade do Criador para a família é a unidade e que cada membro se responsabilize pelos demais, assumindo a sua parte dentro da família.

Benefícios da unidade familiar para as crianças

– Sentido de pertença e de seu próprio valor, como membro da família.

– Respeito pelos membros de sua família. Isso implica tolerância em face das diferenças que podem surgir entre eles.
– Desejo de estar, conviver e participar de seu lar.
– Estabilidade emocional pelo ambiente de proteção, valorização e pertença em que se vive.
– Honra aos pais que são modelos de unidade familiar e respaldo incondicional para seus filhos.
– Valorização do matrimônio como instituição que cria a família. Possivelmente o filho, em sua idade adulta, vai adquirir capacidade de estabelecer um lar sólido com responsabilidade.
– Capacidade para agradecer a Deus por lhe conceder uma família onde se encontra refúgio, esperança e vida.

Alguns especialistas nos ensinam

O amor é o motor que move a nave da família, o produto que mantém unido seus componentes. Este é o grande segredo das famílias unidas, que não dependem de causas exteriores nem de quão bem ou mal as coisas vão, nem da inteligência ou cultura de seus integrantes. Qualquer pessoa recordará mais fácil por ter penetrado mais profundamente em sua alma um detalhe de carinho do que um presente muito caro. Os detalhes de carinho estão ao alcance de qualquer fortuna, de qualquer inteligência, de qualquer cultura. O amor fará que saiamos de nós mesmos e encontremos a força para continuar doando-nos a nossos filhos, quando pensamos que vamos desfalecer pela exaustão. (Eusebio Ferrer)

Se existe um lugar onde se necessita uma medida abundante de valores sadios, esse lugar é o lar. Aí está a caixa de ressonância de todos os problemas humanos que exigem uma solução. Aí se acumula a pressão do mundo exterior, que só se pode aliviar mediante o amor. Aí funciona a escola mais transcendente da terra, cuja atividade formativa demanda uma grande dose de valor, persistência e sentido comum. O lar é a barca onde ninguém pode se converter em lastro inútil. Dos pais ao menor dos filhos, todos estão chamados a construir o bem-estar e a felicidade da família. Cada sentimento que se guarda, cada ação que se realiza e cada plano que se gesta no seio do lar tem por objeto a convivência harmoniosa de todos os seus integrantes. E isso não é fácil de conseguir. Daí a necessidade da compreensão, abnegação e boa vontade diante de qualquer diferença que ponha em perigo a unidade do grupo familiar. (Enrique Chaij)

Fundamento espiritual

Oh, como é bom, como é agradável para irmãos unidos viverem juntos. (Sl 133, 1)

6. Pertença, integração

> (Do lat. *pertinentia*) 1. Aquilo que faz parte de alguma coisa, que a ela pertence. 2. Domínio exclusivo sobre alguma coisa; propriedade.

Extraído do *Dicionário Houaiss*.

Objetivo

Ensinar às crianças o quão fundamental é pertencer a grupos onde crescerá afetiva, intelectual, espiritual e socialmente.

Fundamentação

O sentido de pertença, a filiação a um grupo social, a adesão e implicações que pretende todo indivíduo ao integrar-se a um grupo é muito importante. Isso se deve ao fato de que os homens foram criados para viver em comunidade, procurando a satisfação de suas necessidades e a realização de seus projetos de maneira recíproca. É desse modo que a civilização e a sociedade progridem, porque um grupo de indivíduos se identifica com causas nobres e conquista seus objetivos, na ciência, na educação, na arte, no esporte, além de outras áreas.

Mesmo assim, o primeiro grupo em que a criança tem a possibilidade de experimentar a integração, pertença, aceitação – ou, por sua deficiência, a rejeição – é a família; ou, mais concretamente, seus pais. Ela vai compreendendo que existe uma dinâmica familiar, onde cada membro cumpre as funções estabelecidas: geralmente, a mãe tem certos cuidados com o lar, determinada autoridade e sabedoria para aspectos logísticos da casa; o pai, por sua vez, trabalha e provê as necessidades e desejos da família.

Pelo sentindo de pertença, a criança começa a se sentir importante para as pessoas que a cercam, que cuidam dela e que a acompanham. A integração vai oferecendo um lugar, um papel a ser desempenhado, sentimentos calorosos, interesses comuns que surgem pela dinâmica interna, afetuosa e comprometida entre seus membros.

No entanto, é necessário considerar que a cultura atual não favorece a pertença afetiva, no sentido de que o afã da época contemporânea faz que se dividam tempos formais, estratégicos para se desfrutar em família. Tempos muito curtos e velozes. Também é possível que um indivíduo pertença a tantos grupos e organizações como uma forma de aplacar sua solidão. Mas é no lar onde se constrói a sensação de ser membro potencialmente útil para a sociedade em geral.

A adaptação adequada aos processos grupais como liderança, trabalho em equipe, comunidade, integração, tem nos primeiros anos da família, inclusive em uma boa parte da juventude, a possibilidade de estabelecer alicerces firmes na vida da criança. Isso é tão certo que muitas pessoas erraram seu caminho e desrespeitaram as normas sociais, porque foram criadas em lares desestruturados, caracterizados pelo abandono, maus-tratos, desamparo, onde o sentido de pertença era mais uma referência do que um sentimento real fruto da integração entre seus membros.

De resto, é uma obrigação moral envolver as crianças nas atividades fundamentais da sociedade; ao menos deveria ser um desses ideais, pois eles são os que perpetuam a família e futuros processos sociais nas empresas, organizações e instituições. A luta contra os maus-tratos e o abuso infantis é um indicativo de como os direitos da criança são surpreendentemente uma descoberta recente em sua defesa e aplicação.

Ensinar o sentimento de pertença às crianças

– Os pais ensinam a seus filhos o conceito de pertença, mediante as atividades grupais que desenvolvem: uma ida ao cinema, ao parque, prestar culto a Deus em uma igreja, ir às reuniões de pais no colégio, celebrar um evento familiar, as refeições na sala de jantar, entre outros.

– Os professores com seus projetos grupais, permeando suas diferentes disciplinas e atividades, facilitam a pertença das crianças (alunos), atribuindo funções – todas importantes – em torno das aulas e dos objetivos de aprendizagem propostos.

– A comunicação e o diálogo, quando usados com sabedoria, permitem a sensação de envolvimento das crianças nos planos dos pais, dos adultos, de seus tutores. A linguagem é veículo de vida ou de destruição. É melhor dizer: "Sua opinião é importante para nós, filho", do que dizer: "Você é sempre inoportuno, fala o que ninguém lhe perguntou".

– Também são importantes aqueles benefícios que os funcionários têm em suas empresas, envolvendo seus filhos em atividades recreativas sadias, fazendo-os sentir que fazem parte dos planos de seus pais, os quais se esforçam por proporcionar o melhor aos seus filhos.

– Celebrar os aniversários da criança é muito importante. Na realidade, além da expectativa de receber presentes, o que mais a emociona ao ser festejada é a sensação de sentir-se valorizada pelos amiguinhos e familiares, o fato de se sentir acompanhada e estimada. Partilhar um bolo ou um suco dá à criança autoestima e sentimento de pertença. Não se pode trivializar a vida negando sua importância, muito menos argumentar que é um evento caro, quando o que se pretende é compartilhar um momento com o menino homenageado.

Benefícios do sentimento de pertença para as crianças

– Sensação e sentimento de pertença à família, curso, colégio, escola, clube ou associação.

– Atitude e sensibilidade para valorizar seus semelhantes da mesma forma que já foi valorizada pelos outros.

– Capacidade de adaptação a diversas situações e interações sociais.

– Disposição para compartilhar situações e eventos familiares que requeiram integração e sensibilidade (acompanhamento).

– Assimilação e incorporação dos valores familiares e sociais fundamentais surgidos de seu grupo primário de socialização (família).

– Sentimento de competência e utilidade para outras pessoas.

Alguns especialistas nos ensinam

O maravilhoso de uma sólida unidade familiar é que ensina a cooperação, o respeito mútuo e o amor. A aceitação de seu filho em sua unidade familiar, com responsabilidades específicas, faz que ele se sinta membro importante da equipe. Isso reduzirá enormemente a possibilidade de que se incorpore, seja aceito e venha a pertencer a algum outro grupo muito unido, talvez um bando de jovens da vizinhança. Não sentirá falta disso, posto que no lar são satisfeitas suas necessidades. (Zig Ziglar)

Todos necessitamos sentir-nos aceitos. Talvez esse seja o princípio motor de ação do ser humano. De uma maneira ou outra, procuramos que nossas ações, declarações, maneira de vestir, atividades, etc., sejam uma fonte de reconhecimento ou aprovação por parte de outras pessoas que consideramos importantes. Inclusive, muitos procuramos a aceitação de pessoas que não têm relevância alguma em nossas vidas e modificamos parte de nosso agir para agradar-lhes. A necessidade de aceitação é tão forte que, quando não a encontramos em nossa família, procuramos isso em uma equipe esportiva, um clube, uma turma, companheiros de trabalho ou qualquer outro grupo que nos ofereça lugar. (Rafael Ayala)

Essa rejeição torna-se ainda mais destrutiva sob o ponto de vista da criança. Ainda que não consiga explicar, pode perceber o muro que a separa de seus pais. Ela é especialmente sensível a qualquer preferência ou predileção que haja a favor de seus irmãos ou irmãs. Ao comparar-se com eles, torna-se mais clara sua própria situação no contexto familiar. Chega à conclusão de que nesse círculo íntimo não a amam; ao invés, a odeiam. Sua dor pode se manifestar como uma rebeldia desenfreada durante sua adolescência. Trata-se de algo que vi acontecer mil vezes. (James Dobson)

Fundamento espiritual

Ensina à criança o caminho que ela deve seguir; mesmo quando envelhecer, dele não se há de afastar. (Pr 22, 6).
Vede, os filhos são um dom de Deus: é uma recompensa o fruto das entranhas. (Sl 126, 3).

7. Laboriosidade, diligência

> **Laboriosidade** (Do lat. *labor, -oris*). Qualidade ou caráter do que é laborioso; esforço, dedicação.
> **Diligência** (Do lat. *diligentia*). 1. Interesse ou cuidado aplicado na execução de uma tarefa; zelo. 2. Urgência ou presteza em fazer alguma coisa.

Extraído do *Dicionário Houaiss*.

Objetivo

Ensinar às crianças o valor da diligência e do trabalho em todas as atividades que desenvolvem ou lhes são delegadas.

Fundamentação

Um dos valores fundamentais na vida de toda pessoa, que também começa a ser inculcado ou moldado desde a infância, é a diligência, além da laboriosidade. O caráter laborioso é a capacidade de realizar uma atividade que deve conduzir a um fim e cumprir certos objetivos. A diligência nas crianças lhes dará a capacidade de perceber, entender que cada ação produtiva dará frutos somente se os esforços requeridos forem realizados. Da mesma forma que a disciplina, o trabalho faz parte das atividades que são ensinadas ao pequeno no lar e das tarefas que ele deve assumir no jardim de infância ou na escola.

Outro aspecto importante é o modelo que os pais representam para a criança, pois eles cumprem horários laborais específicos ou realizam esforços, empregando tempo e habilidade para executar e entregar os trabalhos que lhes foram designados. As crianças percebem que o mundo do trabalho é algo natural, que faz parte da realidade social, da vida familiar, favorecendo o sustento e a qualidade de vida da família.

Embora a cultura atual promova a facilidade, a superficialidade e o enriquecimento fácil com o menor esforço, a verdade é que cada pessoa se verá perante a diligência como um hábito perdurável e frutífero para toda a vida, ou como uma pesada carga para a existência cotidiana.

Assim, hábitos negativos que os pais combaterão em seus filhos serão a *preguiça* e o *desânimo*, diante de tudo o que requeira esforços mínimos para sua consecução. Além disso, a criança passa a ver que o trabalho dignifica os pais e, na melhor das hipóteses, garante-lhes progresso e privilégios que surgem de uma vida de trabalho produtivo. Os filhos compreendem que muitas satisfações, presentes e benefícios em geral provêm das atividades profissionais de seus pais.

Cada atividade, então, que se delega à criança de acordo com sua idade e suas capacidades se converterá em uma atividade que ela poderá realizar produtivamente. Tarefas manuais, apresentações, ensaios, tudo contribui para a ideia do trabalho como um meio de atingir positivamente seu entorno e sua própria vida.

Ensinar a laboriosidade e a diligência para as crianças

– Delegue à criança (de dois anos e meio em diante) atividades simples que ela possa fazer: levar um objeto, guardar alguns brinquedos, ajudar a mãe a fazer a cama, tirar um prato da mesa, entre outras. Ou seja, atividades que vão operacionalizando o esforço sadio da criança de pouca idade.

– Participe com a criança nas tarefas ou projetos da escola, que estimulam a ativação das habilidades na criança e que, em companhia dos pais, podem adquirir um aspecto prazeroso e produtivo durante a execução.

– Valorize os *trabalhos* da criança (inicialmente educativos), uma vez que são fruto de seu processo ou habilidades em pleno desenvolvimento.

– Como modelo para a criança, apresente sua profissão como

uma atividade honrosa, frutífera, de modo que ela perceba que o trabalho dignifica o homem e a família, e não o veja como uma carga pesada em que os pais, depois de uma jornada extenuante, chegam a queixar-se e a maldizer a existência. (Não se trata de ignorar a realidade um tanto dura do trabalho, por múltiplas circunstâncias, mas apresentar o melhor lado dele como um meio de progresso para o homem. Cabe esclarecer que não se está aqui apoiando falsos trabalhos – prostituição, narcotráfico, roubo, fraude, etc. –, que representam aspectos mais criminais e imorais do que atividades honradas.)

Benefícios da laboriosidade e da diligência para as crianças

– Consolidação de valores importantes ligados à laboriosidade: disciplina, responsabilidade, caráter profissional, perseverança.
– Valorização das próprias atividades que a criança executa por seus meios e esforços.
– Em longo prazo, capacidade de se filiar a empresas e organizações onde desempenhará papel ou função específicos.
– Valorização do trabalho de seus pais e de outras pessoas.
– Enfrentar os desafios que surgem e requerem sua diligência para superá-los.

Alguns especialistas nos ensinam

Os pais deveriam aconselhar seus filhos sobre a escolha de sua profissão, mas não devem obrigá-los a entrar em um emprego desagradável para eles. Uma pessoa precisa pôr o coração no trabalho que faz, a fim de chegar a ter êxito e, para isso, deve ter liberdade de escolha. Os pais ambiciosos frequentemente estragam a vida de seus filhos... Parece que muitos de nós não estamos em condições de escolher, porque nos vemos obrigados a fazer o que podemos e não o que queremos. Que faremos, pois? Pôr o coração em nosso trabalho, manter os olhos abertos e economizar, até que possamos fazer o que nos agrada. Muitos de nossos grandes homens – e de nossas mulheres também – mudaram de ocupação várias vezes, até que encontraram o desejo de seu coração. Mas chegaram a este fim por meio de um trabalho bom, persistente, e não por meio de lamentações, nem por meio de uma espera inativa de que chegasse a oportunidade que esperavam. Muitas pessoas conseguem aprender a fazer várias coisas ao mesmo tempo; e, se não fazemos bem o trabalho que nos ocupa no presente, é possível que fechemos as portas para o futuro. Fazer mal um trabalho não é o melhor caminho para chegar ao progresso. (J. P. Green)

Para evitar a tentação de pensar na dissolução do lar pelo divórcio ou pela separação, o pai tem que descer de sua torre de marfim, arregaçar as mangas e pôr-se a fazer o que lhe compete. A mãe e o pai, como equipe, têm que instruir e estimular as crianças para que também cumpram as tarefas que lhes são designadas e entreguem sua contribuição, pelo seu próprio bem – pois isso os prepara para desempenharem bem seu possível futuro papel como cônjuges – e pelo bem da família. Deve-se ensinar e exigir a todos os membros da família que guardem os brinquedos, as roupas e os papéis que caíram ao chão, de modo que a mãe se veja aliviada dessas minúcias, economizando, assim, uma quantidade incrível de energia. O bonito de tudo isso é que os pais, desse modo, estão dando excelentes lições de disciplina e obediência. (Zig Ziglar)

Fundamento espiritual

Vai, ó preguiçoso, ter com a formiga, observa seu proceder e torna-te sábio: ela não tem chefe, nem inspetor, nem mestre; prepara no verão sua provisão, apanha no tempo da ceifa sua comida. Até quando, ó preguiçoso, dormirás? Quando te levantarás de teu sono? Um pouco para dormir, outro pouco para dormitar, outro pouco para cruzar as mãos no seu leito, e a indigência virá sobre ti como um ladrão; a pobreza, como um homem armado. (Pr 6, 6-11)

A mão preguiçosa causa a indigência; a mão diligente se enriquece. (Pr 10, 4)

8. Autoestima

> Valorização geralmente positiva de si mesmo.
> *Auto* (Do grego *autós*) e *estimar* (Do lat. *aestimare*). Qualidade de quem se valoriza, se contenta com seu modo de ser e demonstra, consequentemente, confiança em seus atos e julgamentos.

Extraído do *Dicionário Houaiss*.

Objetivo

Fortalecer e estimular as crianças no desenvolvimento de sua autoestima e, assim, enriquecer sua vida afetiva.

Fundamentação

A vida afetiva das crianças é muito importante. Grande parte do êxito na vida de toda pessoa radica no desenvolvimento de sua afetividade. Importa esclarecer que êxito, neste caso, significa escolher o bom caminho da existência, distinguindo o serviço, a produtividade, a espiritualidade, a plenitude familiar, e assim por diante. A afetividade é composta de emoções e sentimentos, de experiências e vivências afetivas, assim como da aquisição de valores morais e espirituais, entre outros processos.

O trato dispensado à criança é fundamental: seu cuidado, o exemplo a ela oferecido, os valores que privilegiam no lar, os modelos vistos nos pais são básicos para que o pequeno aprenda a viver suas experiências sob um desenvolvimento emocional adequado (o aborrecimento é específico; a alegria é espontânea; a tristeza é repentina...).

Da mesma forma, a autoestima, um tema-conceito tão dissertado, debatido e especulado, é admitida como uma vivência real em cada pessoa. Aceita-se que se inicie desde tenra idade e que se vá consolidando pouco a pouco, dependendo das experiências valorativas que a criança recebe (ou não), de seus entes queridos, em geral daqueles que estão ao seu redor.

A autoestima se entende como um conceito sensato de si mesmo; o apreço e a estima próprios de cada pessoa. Na realidade, se nos valorizamos ou não. Em algumas patologias do comportamento – por exemplo, na depressão – foi encontrada a baixa valia pessoal como um de seus sintomas específicos. A autoestima na criança surge, inicialmente, do valor demonstrado e expressado que seus pais ou cuidadores fazem dela. Depois se consolida mediante o valor oferecido à criança por suas ações produtivas, suas conquistas e aquisições. Finalmente, é a sensação incondicional de membro amado de uma família ou do sistema familiar que fundamenta o valor da criança.

O valor se transmite à criança mediante a *linguagem* que se usa no relacionamento com ela: "Você tem juízo e é muito inteligente"; "Você é muito importante para nós"; "Amo muito você, filho". A *afetividade* também se expressa por carícias, contatos afetuosos, brincadeiras corporais, gestos e expressões sadias. O valor se fundamenta na *participação* que se dá à criança quando se tomam decisões familiares, simples ou complexas: "O que você acha disso, filho?", ou: "O que você sugere?".

Em decorrência, é importante a *qualidade* desses processos na interação familiar: o tom, a atitude, as demonstrações gerais que se fazem para a criança, lhe trazem significados positivos ou negativos que ela interiorizará, para o bem ou para o mal, conforme seja o caso.

É possível que os pais e modelos que giram em torno da formação da criança encontrem-se com os seguintes obstáculos ou ações inadequadas, que devem ser superados para transmitir autoestima de qualidade ao pequeno:

– pais sem autoestima que reproduzem esquemas ou padrões familiares podem perpetuar a falta de afetividade e amor pelos membros da família;

– professores que não valorizam a aprendizagem afetiva de seus alunos. Cumprem e desenvolvem programas apenas como requisitos de um currículo;

– famílias que não privilegiam o progresso ou a qualidade de vida, e outras que não valorizam a aquisição de conquistas e objetivos pessoais;

– exemplos inadequados de vidas que não ensinam a autoestima: pais alcoólatras, fumantes, mães na prostituição, lares violentos, entre outros.

De modo que a autoestima é uma construção cotidiana, onde os membros da família se retroalimentam com expressões de afeto, valorização, esperança, escuta e apoio, que, neste caso, farão as crianças se sentirem queridas e importantes dentro da dinâmica familiar e da própria vida.

Ensinar a autoestima para as crianças

– Valorizar o que as crianças fazem, conquistam, constroem, porque isso as anima a produzir mais coisas, sentindo-se importantes.

– Expressar afeto sincero e espontâneo aos filhos ou alunos. O apreço é uma das necessidades mais profundas da alma, porque transmite a *sensação de ser alguém na vida*.

– Estar sumamente atento aos filhos e alunos (pedagogicamente, isso se chama *acompanhamento*) faz-lhes sentir que se espera o melhor deles ou que seu processo particular é de interesse.

– Facilitar que as crianças ou alunos expressem emoções diante daquelas coisas que lhes atinjam ou afetem emocionalmente (isto não tem nada a ver com expressões de rebeldia que muitas vezes beiram a obscenidade).

– O diálogo espontâneo sobre diferentes temas com os filhos e alunos confere importância e valor aos mesmos. O tempo empregado nessa conversa transmite reconhecimento do mérito deles.

Benefícios da autoestima para as crianças

– Sentimento do próprio valor.
– Evitação de se comparar com outras pessoas.
– Valorização de outras pessoas.
– Tomada de decisões adequada perante o que lhes poderia prejudicar ou causar danos a si mesmas.
– Sentimento de pertença e valor dentro de sua família.
– Desejo de conseguir novas conquistas e objetivos (sentimento de "concorrência" sadia).
– Para o futuro, construção de lares com relações interpessoais sadias e valorizadas.

Alguns especialistas nos ensinam

O termo autoestima se utiliza cada vez mais quando se fala do desenvolvimento da menina e do menino. A autoestima se refere ao modo como cada pessoa faz uma avaliação de si mesma. As pesquisas demonstraram que a autoestima se relaciona com a confiança e a segurança que os indivíduos têm em si próprios, e isto, por sua vez, se associa ao êxito que atingem nas atividades que realizam [...].

A autoestima se desenvolve nos primeiros anos de vida, mediante as mensagens que a mãe e o pai dão a seus filhos. Quando as mensagens são positivas, isto é, enfatizam as conquistas das crianças e se transmitem com afeto, geram nos pequenos um sentimento de segurança que será fundamental nas etapas posteriores de sua vida. Por meio desse processo, a criança desenvolverá uma autoestima positiva que lhe dará confiança em si mesma e elementos emocionais para enfrentar os problemas e, ao mesmo tempo, sentirá segurança para decidir como resolver tal problema entre diferentes opções. Um ponto-chave dentro do desenvolvimento da autoestima é a aceitação da criança tal como ela é. Isto é, aceitar os filhos e as filhas com suas características particulares, sejam físicas ou emocionais, o que significa aceitar suas qualidades, defeitos e interesses. (Susan Pick *et al.*)

Os bebês, as crianças, os adolescentes, os adultos, os avós, todas as pessoas necessitam algumas vezes que as acariciem e as abracem. O acariciar e o abraçar são as maneiras de demonstrar o que um é para o outro. Quando você sai para a escola e se despede de sua mãe, ela lhe dá um abraço e um beijo, isto significa "amo muito você". As carícias e os abraços são maneiras de nos consolarmos uns aos outros. Quando você cai da bicicleta e corre para seu pai que o abraça, ele quer dizer: "Estou aqui para ajudá-lo a se sentir melhor". Os cientistas sabem que os bebês necessitam ser acariciados e abraçados. Quando os bebês são carentes dessas manifestações de carinho, não se desenvolvem adequadamente, têm problemas físicos e emocionais. Nossa necessidade de carinhos e abraços não termina quando crescemos. Nunca as superamos. (Gershen Kaufman e Lev Raphael)

Fundamento espiritual

Apresentaram-lhe então crianças para que as tocasse; mas os discípulos repreendiam os que as apresentavam. Vendo-o, Jesus indignou-se e disse-lhes: "Deixai vir a mim os pequeninos e não os impeçais, porque o Reino de Deus é daqueles que se lhes assemelham. Em verdade vos digo: todo o que não receber o Reino de Deus com a mentalidade de uma criança, nele não entrará". Em seguida, ele as abraçou e as abençoou, impondo--lhes as mãos. (Mc 10, 13-16)

9. Amizade

> (Do lat. *amicitas, -atis,* por *amicitia* = amizade). 1. Sentimento de grande afeição, de simpatia. 2. Reciprocidade de afeto.

Extraído do *Dicionário Houaiss*.

Objetivo

Estimular e favorecer nas crianças o valor da amizade como meio de crescer integralmente com outras pessoas.

Fundamentação

As crianças desde muito cedo mostram inclinação para brincar com coleguinhas e compartilhar sua criatividade e as invenções que surgem desses entretenimentos. Fazem parte do cotidiano da criança e de sua atividade lúdica emprestar um carrinho, uma boneca, uma casa improvisada, um trem imaginário, uma bola. A partir desses contatos, a criança começa a estabelecer vínculos significativos com amigos que também revelam gostos comuns. Brincar com alguém em especial se torna importante: vão surgindo as amizades. Assim, até as interações familiares como reuniões casuais, festas de aniversário, passeios, idas a parques, datas especiais, entre outras, motivam e criam entre os pequenos laços familiares, que na realidade são nexos valiosos de amizade e afetividade.

Portanto, a interação com os amigos – na comunidade, no bairro, no jardim de infância, no colégio, no condomínio, no clube esportivo – fundamenta nos pequenos o valor de contar com os outros e ver que é possível partilhar atividades similares, preferências semelhantes, assim como criar diversas possibilidades para o encontro e a interação. A ideia é que as amizades cumpram um papel socializante, além de ajudar a incorporar outros valores necessários para as relações interpessoais e sociais: cooperação, solidariedade, respeito, tolerância, responsabilidade, cuidado, valores esses que encontram na amizade um bom meio de se tornarem efetivos ou de serem postos em prática no relacionamento entre as pessoas.

Por essas razões, não é recomendável isolar as crianças, procurando segregá-las sob o pretexto de protegê-las das más influências ou de amiguinhos não recomendáveis. Pelo contrário, mediante as diversas relações, os pequenos aprendem a escolher seus amigos prediletos, aqueles com os quais se identificam e têm mais afinidade de interesses.

Igualmente, as crianças encontrarão algumas situações incômodas que surgem do relacionamento cotidiano, como egoísmo, agressividade, indiferença, rejeição, apatia, entre outras imperfeições humanas. Ao tomarem consciência disso, compreenderão que as pessoas são diferentes e contam com motivações variadas. Aprenderão que, para certas coisas, poderão contar mais com determinados amiguinhos do que com outros. De qualquer forma, poderão evitar relações que já não são de seu agrado.

De maneira que, na amizade como um valor e na sua prática, as crianças encontram uma abertura para o crescimento interpessoal e o valor dos outros, como pessoas com desejos, interesses e características particulares, que nem por isso deixam de ser amigos, e talvez se revelem profundas amizades mais tarde.

Ensinar a amizade às crianças

– As atividades familiares sadias são importantes, pois vinculam os pequenos aos seus irmãos e primos, compartilhando de forma diferente em alguma reunião específica.

– Os professores devem programar em suas aulas atividades de tipo social que estimulem as relações interpessoais. As atividades lúdicas constantes favorecem a interação entre os pequenos.

– Os pais devem privilegiar as relações interpessoais diversas: a criança faz amigos no colégio, na família, na comunidade, em seu clube ou equipe, na igreja e assim por diante.

– Deve-se advertir as crianças que as amizades podem ser benéficas ou danosas, de forma que possam selecionar seus amigos, não fazendo discriminação, nem manifestando preconceitos, mas porque ajuda a se tornar pessoas que possuem bons hábitos.

– Deve-se realizar análise de casos e debates para valorizar, ponderar, o que distingue a boa da má amizade. Fábulas, contos, parábolas, dramas e outras narrativas, servem para esse efeito.

– Também é conveniente ensinar às crianças que as amizades, por melhores que sejam, correm o risco de romper-se ou enfraquecer; valores como a reconciliação, o perdão, a aceitação, a tolerância e o amor ajudam a restaurar as amizades quando estão a ponto de se romper.

– Ratificar que o amor ao próximo é o exemplo real de demonstração ativa da amizade, como um compromisso que as pessoas adquirem quando se relacionam com seus semelhantes.

Benefícios da amizade para as crianças

– Facilitação das relações interpessoais diversas, que vão se estabelecendo à medida que se passam os anos.

– Estabelecimento de laços afetivos próprios das verdadeiras amizades.

– Compromisso com as pessoas que aceitam ser seus amigos.

– Situações lúdicas que alegram a vida para compartilhar. Potencializa a felicidade na companhia de outros.

– Desenvolvimento sadio de sua vida social nos contextos em que deve interagir com outros.

– Sensação de autoestima e apreço ao ser valorizado e considerado importante para os amigos.

Alguns especialistas nos ensinam

Todo pai sabe que a escolha de amigos é fundamental para as crianças. As amizades da infância indicam aos pais o rumo que os filhos tomam. São importantes porque os bons amigos elevam e os maus amigos diminuem. As amizades de nossos filhos são importantes, assim como as nossas são exemplo para eles. Nossos amigos devem ser aliados do melhor de nós; devemos ensinar as crianças a reconhecer as falsas amizades, a entender que são nocivas, a compreender que reforçam o mais indigno de nós. Ter amigos é só a metade da relação, ainda que seja a metade que mais costuma preocupar filhos e pais. Ser amigo é, com frequência, mais importante para o nosso desenvolvimento moral. Pode-se dizer que os bons amigos contribuem com a nossa criança, mas o verso dessa moeda é que um é o bom amigo; o outro, o agente que educa. Ter amizade com um colega de escola que não tem amigos ou é menos afortunado pode constituir um gesto profundo de maturidade para uma criança. (William Bennett)

Muitas vezes pensei que, como a longevidade é um desejo de todos e, segundo creio, geralmente esperada, é prudente continuar aumentando a quantidade de amigos, para que uns compensem a perda de outros. A amizade, "o vinho da vida", tal como uma adega bem provida, deveria ser constantemente renovada, ainda que raramente possamos acrescentar algo que iguale as generosas primícias de nossa juventude, a amizade torna-se madura em muito menos tempo do que comumente se imagina, e não se requerem muitos anos para torná-la acolhedora e agradável. O calor humano sem dúvida acrescenta uma considerável diferença. Os homens de temperamento afetuoso e imaginação brilhante se entendem mais rapidamente que os indivíduos frios e obtusos. (James Boswell)

É o toque humano que conta neste mundo,
O roçar de tua mão na minha,
Mais valioso para o coração esmorecido
Que um refúgio, o pão e o vinho.
Pois o refúgio se vai com a alvorada,
O pão dura um só dia,
Mas o contato da mão e o som da voz
Continuam cantando na alma para sempre.
(Spencer Michael Free)

Fundamento espiritual

O amigo ama em todo o tempo: na desgraça, ele se torna um irmão. (Pr 17, 17)
Há amigos que levam à ruína, e há amigos mais queridos do que irmão. (Pr 18, 24)

10. Relação com Deus

> **Relação** (Do lat. *relatio, -onis*). 1. Consideração que resulta da comparação de dois ou mais objetos. 2. Semelhança, parecença. 3. Vinculação de alguma ordem entre pessoas, fatos ou coisas; ligação, conexão.

Extraído do *Dicionário Houaiss*.

Objetivo

Ensinar às crianças a importância de ter uma relação com Deus como um recurso fundamental em face das próprias necessidades e inquietações.

Fundamentação

A vida espiritual é importante em cada pessoa. O contato com Deus mediante a oração é uma das ações pela qual a pessoa pode expressar ao fiel Criador suas inquietações e fraquezas, assim como seu agradecimento.

Entretanto, a vida espiritual pode ser compreendida como um hábito, estilo de vida, valor, que desde tenra idade se pode ensinar ao filho. Ainda que o pequeno não veja ou perceba visível e fisicamente um Deus invisível, pode sim conhecer o valor da fé, que permite assimilar a existência dEle, quando vê o exemplo em seus pais ao terem reverência e relação com Deus. Algo que soa tão natural não é o que se passa no cotidiano dos lares de milhões de famílias. Pode-se assumir que a espiritualidade é um tipo de relação, descanso, maneira de agir ou cooperar; mas, na realidade, a espiritualidade é a capacidade e faculdade de entabular uma relação com Deus mediante a oração, além de vivenciar um estilo de vida moral adequado. Isto pressupõe uma mudança constante na pessoa, mudança pela qual Deus a ajudará a corrigir e erradicar o que for necessário.

As crianças então necessitam dessa fortaleza ao poderem contar com um Deus que as protege, as compreende e supre suas diferentes carências. Daí que a oração constitui o alimento que introduz, consolida a espiritualidade ou a nascente espiritualidade dos pequenos.

Para isso, é necessário apresentar às crianças um Deus de amor, com uns atributos específicos e especiais: amor, misericórdia, perdão, santidade, justiça, amizade, proteção, entre outros, com os quais pode contar em qualquer circunstância.

Em outras palavras, devem-se evitar todas aquelas afirmações a respeito de Deus onde se geram culpa, aflição, incerteza, confusão e outros sentimentos, quando o amor de Deus é o ato real para transformar a vida dos homens mediante o perdão. Perdão concedido por Cristo à humanidade com sua morte na cruz.

As crianças assimilam paulatinamente a importância de Deus quando veem o testemunho dos mais velhos – como os pais, os educadores, os líderes, os cuidadores – e percebem que Deus escuta diversos pedidos que fazem parte da vida cotidiana relacionados ao lar, ao colégio e ao trabalho. Falar com Deus torna-se um ato real, mediador das necessidades das pessoas.

A oração no lar, na sala de aulas, no grupo, ensina a gratidão a Deus, além de reconhecer suas importantes qualidades divinas. Certamente isso é possível transmitir às crianças sempre e quando os que são responsáveis pela sua formação integral professam a fé e levam em conta Deus nos eventos e decisões importantes de sua vida.

Este valor é muito importante e não deveria parecer tão supérfluo, uma vez que na vida espiritual encontram-se incontáveis momentos de felicidade, plenitude e satisfação pessoal. Se somos capazes de privilegiar a tecnologia com seus maravilhosos avanços, a ciência, as atividades recreativas, os projetos pessoais, por que não dar valor à espiritualidade das crianças, como a forma de contribuir para a criação de uma sociedade mais humana, precisamente pelos valores espirituais que as pessoas praticam?

Ensinar às crianças a relação com Deus

– Os pais são os primeiros e mais próximos modelos para apresentar como se sustenta uma relação com Deus. As crianças entenderão e assimilarão a realidade da existência de um Deus de todos os dias, que também faz parte da família.

– As aulas de educação religiosa e moral, inclusive de ética e convivência, devem incorporar o conceito e a realidade de Deus como o fato mais valioso da existência humana.

– A oração é o veículo de acesso ao Criador quando invocamos seu nome, de maneira que fazê-lo em grupo, em família, no curso, põe de manifesto a fé em Deus.

– Motivar as crianças a irem à igreja, de modo que participem e se envolvam nas atividades que também são planejadas para elas. Aprenderão que é importante compartilhar com outras pessoas e que, na igreja, também se honra e se agradece a Deus.

– Compartilhar uma conquista, uma tomada de decisão, são momentos muito oportunos para orar a Deus e dar-Lhe graças, e assim pedir sua orientação para o que se deseja.

– Ler trechos da Bíblia, programar atividades com a Bíblia que mostrem ao pequeno os mandamentos e valores que Deus deseja que seus filhos e a humanidade vivam, os quais contribuirão para melhores relações de convivência com seus semelhantes.

Benefícios da relação com Deus para as crianças

– Capacidade para expressar suas dúvidas, dificuldades, assim como os motivos de agradecimento ao Criador.

– Respeito em face do que Deus deseja para o homem: realizar sempre o bem e a justiça.

- Proteção divina durante o transcurso de seu desenvolvimento integral.
- Respeito e obediência aos seus pais.
- Temor de Deus: valorizar o que dizem seus mandamentos.
- Inclinação para as coisas boas da vida: encaminhar-se paulatinamente pelo caminho do bem.
- Cultivo da oração como uma necessidade em sua vida.

Alguns especialistas nos ensinam

Os pais estão chamados a dar formação espiritual aos filhos; essa função é indelegável e não se pode deixar só para o colégio. A reputação de Deus diante da criança depende de seus pais. Em sua mente infantil, a criança pensa: como são meus pais, assim deve ser Deus. Nesse aspecto, é importante levar em consideração o enfoque do paradigma, já que os pais são um modelo fundamental para os filhos. Os pais são os encarregados de apresentar a criança ao Pai celestial, não só com suas palavras, mas com o seu estilo de vida e o trato que lhe dispensam. (Armando Múnera)

Muitas das atitudes boas que se deveriam ensinar às crianças são, na realidade, herança ética judaico-cristã, incluindo a honestidade, o respeito, a bondade, o amor, a dignidade humana, a obediência, a responsabilidade e a reverência. Mas como se transmitem esses princípios tradicionais à nova geração? Encontramos a resposta no que Moisés escreveu, há mais de quatro mil anos, no Deuteronômio (6, 6-9):

Os mandamentos que hoje te dou estarão gravados no teu coração. Tu os inculcarás a teus filhos, e deles falarás, seja sentado em tua casa, seja andando pelo caminho, ao te deitares e ao te levantares. Atá-los-ás à tua mão como sinal, e os levarás como uma faixa frontal diante dos teus olhos. Tu os escreverás nos umbrais e nas portas de tua casa.

Em outras palavras, não podemos inculcar atitudes durante um tempo breve de oração antes de nos deitarmos ou durante reuniões formais de instrução. Devemos vivê-las dia e noite. Precisam surgir durante as nossas conversas habituais e devemos reforçá-las com ilustrações, demonstrações, elogios e castigos. Esse trabalho de magistério é, segundo creio, o mais importante que Deus deu aos pais. (James Dobson)

Fundamento espiritual

Após terem observado tudo segundo a lei do Senhor, voltaram para a Galileia, à sua cidade de Nazaré. O menino ia crescendo e se fortificava: estava cheio de sabedoria, e a graça de Deus repousava nele. (Lc 2, 39-40)

Forma o jovem no início de sua carreira, e mesmo quando for velho não se desviará dela. (Pr 22, 6)

11. Honestidade

> **Honestidade** (Do lat. *honestitas, -atis*). 1. Qualidade ou caráter de honesto, atributo do que apresenta probidade, honradez, segundo certos preceitos morais socialmente válidos. 2. Característica do que é decente, do que tem pureza e é moralmente irrepreensível; castidade.

Extraído do *Dicionário Houaiss*.

Objetivo

Fomentar nas crianças a honestidade como um meio de respeitar e cuidar da integridade, tanto sua quanto das outras pessoas.

Fundamentação

A honestidade é um dos valores e componentes mais importantes de uma pessoa saudável, se a entendemos como a capacidade de praticar o bem em todas as diferentes relações e atividades que as pessoas mantêm.

Não é fácil isolar conceitualmente a honestidade, por sua vinculação direta com outros valores. Pode-se dizer que a honestidade é a faculdade de ser autêntico em tudo o que se faz, inicialmente consigo mesmo e depois com o seu entorno, especialmente as pessoas. A referida autenticidade está estreitamente relacionada com a aposta do indivíduo na verdade das coisas, eventos e pessoas. Não se pode pensar na honestidade exclusivamente sujeitada aos bens do tipo material, pois o mencionado valor se projeta em um estilo de vida onde sinceridade, integridade, respeito e valorização dão-se as mãos para fazer da pessoa alguém fiel às suas convicções e interações com os demais.

Na aprendizagem das crianças, é fundamental orientá-las e

consolidá-las neste valor, que as ensinará a ser autênticas, a respeitar o estilo de vida de seus coleguinhas, a valorizar suas próprias coisas, mas especialmente a conhecer os limites de suas atitudes e direitos. Uma pessoa honesta sabe até onde pode chegar com suas atitudes e comportamentos. Nesse caso, as crianças aprendem que os fatos e objetos ocupam um lugar (no âmbito pessoal e social); sabem também que a verdade produz inumeráveis benefícios quando se é honesto em todas as situações.

A aquisição da honestidade é um trabalho que se desenvolve mediante o exemplo dado no lar, quando os filhos percebem a vivência honesta de seus pais em coisas mínimas, como em seus gastos, em suas contas, o que prometem a seus filhos, os acordos entre eles, a maneira de se tratarem, além da confiança que têm um para com o outro.

A honestidade então é uma manifestação prática da verdade, tão falseada na atual cultura, onde interesses comuns levam as pessoas, e inclusive instituições, a mentir ou enganar para alcançar seus objetivos, geralmente do tipo financeiro e comercial.

A criança honesta surge das relações claras com ela, do reconhecimento e valorização de suas emoções, do exemplo cotidiano com o que fazemos e que a afeta de uma forma ou de outra.

As crianças aprendem que há formas corretas de fazer as coisas e que são premiadas ou valorizadas pelas pessoas ou pela sociedade, mas que também existem eventos que são castigados ou censurados por causarem danos. A honestidade está ligada ao bom comportamento em todos os âmbitos, e as crianças percebem isso em seus companheiros e líderes responsáveis na dinâmica social cotidiana da qual participam.

Ensinar a honestidade para as crianças

– Uma vez mais, o exemplo dado às crianças é fundamental, para que elas desejem agir conforme os valores que seus pais ou os mais idosos praticam com regularidade.

– Nas aulas deve-se trabalhar com análise de casos que ilustrem este valor e deem oportunidade à criança de conceituar ou interpretar o que os personagens transmitem mediante a história.

– Como subsídios para as aulas servem fábulas, parábolas, contos, relatos e vídeos para o debate comum.

– Quando a criança erra, falha ou comete uma falta, deve-se mostrar-lhe em que sentido não foi honesta ou causou dano. Isso lhe dará consciência do que é adequado ou esperado em tais situações.

– Motive a criança a cumprir o que promete, por simples ou menor que seja, ensinando-a a manter e cumprir a sua palavra.

– Comente e explique-lhes que os bens materiais e alheios são direito de seu proprietário ou possuidor; portanto, devem ser respeitados, assim como desejamos que as nossas próprias coisas sejam respeitadas e tratadas da melhor forma possível.

– Diga-lhes que as coisas, as conquistas, as metas, podem ser obtidas sem enganos, sem maus comportamentos ou atitudes de manipulação. Quando nos esforçamos e somos honestos, conseguimos o que desejamos para o bem.

Benefícios da honestidade para as crianças

– Facilidade em aprender a não pegar objetos que não são seus.

– Prática da sinceridade diante do que pensa e sente.

– Capacidade para fazer o que se propõe e promete aos outros.

– Relações de maior confiança com seus pais.

– Relações de maior confiança com seus amigos e colegas de escola.

– A enumeração anterior dos pontos baseados no fato de que há pessoas que valorizam os demais (pois existem pessoas que se incomodam quando veem outros praticarem o bem e serem honestos).

– Faculdade para escolher o conveniente, mesmo quando

todas as coisas parecerem não oferecer dificuldade nenhuma. Sempre algo pode ser prejudicial quando não se é honesto consigo mesmo.

Alguns especialistas nos ensinam

A pessoa honesta procura com afinco o direito, o honrado, o razoável e o justo; não pretende jamais aproveitar-se da confiança, da inocência ou da ignorância dos outros. A honestidade é demonstração tangível da grandeza da alma, da generosidade do coração e da retidão dos sentimentos. A honestidade contribui para as relações interpessoais com o frescor do manancial agreste e a confiança de um amanhecer ensolarado. A honestidade é inimiga da mentira, do furto e do engano; defende com afinco a verdade, a honradez e o respeito, o que permite a quem a possui manter a fronte levantada e o olhar sereno. (Guillermo Mora)

A única maneira que tem o indivíduo de confirmar o valor de suas palavras, de seus pensamentos ou de suas reflexões de forma irrefutável é transformá-los em ações. (François Garagnon)

Fundamento espiritual

Além disso, irmãos, tudo o que é verdadeiro, tudo o que é nobre, tudo o que é justo, tudo o que é puro, tudo o que é amável, tudo o que é de boa fama, tudo o que é virtuoso e louvável, eis o que deve ocupar vossos pensamentos. (Fil 4, 8)

Acima de tudo, recomendo que se façam preces, orações, súplicas, ações de graças por todos os homens, pelos reis e por todos os que estão constituídos em autoridade, para que possamos viver uma vida calma e tranquila, com toda a piedade e honestidade. (1 Tm 2, 1)

12. Amor

> (Do lat. *amor, -oris*) 1. Atração afetiva ou física que, devido a certa afinidade, um ser manifesta por outro. 2. Forte atração por outra pessoa, nascida de laços de consanguinidade ou de relações sociais. 3. Força agregadora e protetiva que sentem os membros dos grupos, familiares ou não, entre si.

Extraído do *Dicionário Houaiss*.

Objetivo

Fundamentar e transmitir às crianças a importância do amor, suas características e manifestações na vida delas e na daqueles que as rodeiam.

Fundamentação

Fonte constante de inspiração para muitos, o amor constitui o valor integral por excelência. É a manifestação e demonstração de aceitação plena e consciente dos outros. Nesse sentido, o amor representa a união e o estreitamento de laços sólidos nas diversas relações interpessoais.

É uma mostra de compromisso real entre as pessoas, qualquer que seja o âmbito de sua interação e dos papéis que desempenham.

Sabe-se que este valor, atitude, sentimento, ação, não caracteriza muito as culturas, em que pese todos os esforços ou eventos que se realizam para procurar sua vivência diária. É triste perceber que o ódio é pão de cada dia em muitos lares e muitas localidades; as pessoas ajustam contas entre si, se vingam ao seu modo, ou abandonam nobres ideais por seu egoísmo ou por novas oportunidades que consideram ter direito. Entram em cena os conhecidos divórcios que deixam os corações dilacerados e filhos à mercê de crises e vazios difíceis de suprir. Por outro lado, a morte ocupa o seu lugar entre as pessoas que decidem interromper a vida de seus semelhantes, os países entram em crises delicadas que ameaçam a segurança nacional e a dos países vizinhos. Eis apenas alguns exemplos do desamor que caracteriza as sociedades atuais.

A infância não é alheia a esse desamor: maus-tratos, abandono, maus exemplos paternos, prostituição infantil, fome e outras maldades. São crises que afetam uma boa parte da infância mundial.

De modo que o amor não deixa de ser um desafio que se deve incorporar à prática diária das relações interpessoais, mais ainda quando o bem-estar presente e futuro da infância depende de que as práticas e demonstrações de amor para com as crianças revelem a elas que podem contar com pessoas que as protegem, e que existem instituições que defendem efetivamente sua causa, qualquer que seja.

A prática da aceitação, o exemplo congruente dos adultos, os cuidados oportunos e criteriosos, uma educação baseada em valores e princípios bíblicos, e o amor a Deus estão entre os elementos importantes para demonstrar amor às crianças. É claro que o eixo central do amor é sua revelação de como tratamos as crianças, não tanto nos conceitos e definições que costumamos dar-lhes, pois o amor não é de caráter teórico, como em uma manifestação real de preocupação pelo outro.

Ternura, afeto, cuidado, consideração, estima, apoio, correção, detalhes e outras manifestações de atenção são componentes importantes que indicam o amor às crianças, que permitem a elas sentirem-se importantes dentro do seu campo de ação, em seu núcleo familiar.

Tem-se então no amor um valor fundamental para recuperar os lares, as diversas relações interpessoais e, certamente, conseguir que as crianças valorizem o que têm, seus entes queridos, sua própria vida, e que aprendam a manter relações adequadas baseadas no respeito, na aceitação e na tolerância com seus companheiros e amigos.

Ensinar o amor às crianças

– A linguagem usada com as crianças é vital. As palavras denotam aceitação ou rejeição, amor ou desprezo. São o veículo do bom ou mau relacionamento. De modo que, inicialmente, no lar está a fonte ou a base sólida para começar a tratar bem os filhos, aceitando que são crianças e o que isso implica.

– O amor é proteção. A proteção se refere aos direitos que têm as crianças por estarem ligadas a um mundo (ao qual realmente não pediram para vir). Essa proteção se refere à sua segurança e à provisão de suas necessidades básicas: nutrição, vestuário, moradia, saúde, recreação, entre outros.

– A escola ou creche devem ser agentes de amor, antes de ser agentes de conhecimentos sofisticados. As competências básicas e o desenvolvimento de atividades intelectuais surgirão, seguirão seu curso e se aprimorarão, mas a qualidade humana que o amor confere a uma pessoa não está no conhecimento puramente acadêmico.

– Deve-se dar às crianças aulas sobre o amor e seus âmbitos de influência e inter-relação: amor aos pais, à família, aos amigos, a Deus, aos inimigos, às diferentes pessoas, isto é, em todas as esferas que envolvem pessoas que com elas interagem de alguma forma.

– Ensinar à criança o valor do perdão como uma manifestação do amor e como mecanismo que o reacenda, quando ocorrem crises de diferentes tipos ou surgem dificuldades com outras pessoas.

– Ensinar às crianças que o amor é de caráter integral, isto é, o amor condensa, integra e resume todos os demais valores. Por exemplo, não é possível ser autenticamente tolerante sem amor, não é possível respeitar sem amor, e assim por diante.

– Devem-se aproveitar as modalidades do curso, trabalho em grupo e todas as atividades colaborativas e interativas disponíveis para os pequenos, assim como todas as matérias que se dirigem ao aprimoramento da pessoa: ética, valores, educação moral, inteligência emocional, convivência, civismo e outras.

Benefícios do amor para as crianças

– Afetividade saudável por saber que seus pais a amam, seus professores a valorizam, sua companhia agrada seus amigos: sente-se importante por ser ela mesma.
– Compaixão e misericórdia de seus companheiros, porque sabem que todos têm necessidades e gostos similares.
– Prática de outros valores que envolvem seus semelhantes (empatia).
– Sentimento de felicidade constante por se sentir amada, apreciada e valorizada.
– Sentimento de segurança e proteção por contar com a satisfação mínima ou adequada às suas necessidades.

Alguns especialistas nos ensinam

A criança que cresce no lar onde se sente amada se identificará com os sentimentos de seus pais a seu respeito. Isso dá forma à sua identidade. Os vínculos de amor dão à criança a sensação de que ela pertence ao seu lar. Sente-se parte dele e começa a incluir o pronome "nós" em seus pensamentos. Ao identificar-se com pensamentos positivos em relação a si mesma, vai desenvolvendo um banco de memória que a sustenta com sentimentos semelhantes aos de aceitação, quando está sob tensão de acontecimentos desagradáveis e situações fastidiosas. (Maurice Wagner)

O último que lhes quero dizer a respeito das crianças é que a vida não é somente dor, miséria e desespero, como se ouve nos noticiários e se lê nos jornais. Essas coisas são as que provocam a notícia. O que não ouvimos são as coisas agradáveis, fantásticas e alegres que também estão acontecendo. De um modo ou de outro, haveremos de pôr os pequenos em contato também com essas coisas. Para eles, o que deve ser feito é pô-los em contato com o seu próprio gozo e com o seu próprio devaneio. Somos todos uns loucos! E se não acreditam nisso, estão mais loucos que os outros. Da rotina nasce o aborrecimento. Pelo contrário, a alegria, a admiração e o embelezamento surgem da surpresa. Se alguém se aborrece, aborrece os demais. Alguém se pergunta sobre o porquê de as pessoas não quererem ficar ao seu lado. Podemos escolher, pois temos alternativas. Alguém pode escolher como deseja viver a sua vida. Pode-se escolher a alegria, a liberdade, a criatividade e a surpresa; ou ainda, a apatia e o aborrecimento. E pode escolher agora! (Leo Buscaglia)

Fundamento espiritual

A caridade [o amor] é paciente, a caridade é bondosa. Não tem inveja. A caridade não é orgulhosa. Não é arrogante. Nem escandalosa. Não busca os seus próprios interesses, não se irrita, não guarda rancor. Não se alegra com a injustiça, mas se rejubila com a verdade. Tudo desculpa, tudo crê, tudo espera, tudo suporta. A caridade jamais acabará. (1 Cor 13, 4-8)

13. Gratidão

> (Do lat. *gratitudo*) Sentimento que nos obriga a estimar o benefício ou favor que nos foi feito ou quiseram fazer, e corresponder a ele de alguma maneira.

Extraído do *Dicionário Houaiss*.

Objetivo

Motivar nas crianças o agradecimento e a gratidão por todas as coisas boas que têm e recebem em sua vida.

Fundamentação

A gratidão é a expressão e o reconhecimento do que os outros fazem por nós, mediante seu serviço ou ajuda. Através desse sentimento, como a definição acima menciona, a pessoa se vê "obrigada" positivamente a corresponder ao benefício recebido. Desta maneira, a criança pode agradecer a seus pais por dar-lhe alimentos, comprar-lhe o necessário para suas necessidades, ser levada a lugares muito divertidos para a recreação, e assim por diante. Pode também agradecer aos seus professores por lhe transmitir conhecimentos para a vida e por outros benefícios que vier a receber deles. Pode agradecer aos seus amigos pelos bons momentos compartilhados e os favores concedidos. Pode dar graças a Deus por ter um lar onde conviver, entre muitas possibilidades ou outros motivos a mais de agradecimento.

Infelizmente, em numerosas ocasiões, as pessoas esperam que os demais lhes deem ou as sirvam, correndo o risco de esquecer que a gratidão é uma expressão de reconhecimento pelo que os outros fazem.

As atitudes ou expressões de ingratidão se adquirem desde a

mais tenra idade. Os pais não ensinam as crianças a agradecer, especialmente quando lhes dão tudo ou lhes fazem tudo. Transmitem-lhes a ideia de que o mundo tem que servi-las incondicionalmente, como se a sociedade se visse obrigada a suprir e satisfazer todos os seus desejos. De outro lado, deve-se considerar a ausência de expressões de gratidão entre os pais, entre os membros da família. Considera-se que as coisas simplesmente devem ser feitas e nada mais. Isso deveria ser o suficiente.

Pode-se notar este equívoco, por exemplo, quando a criança se queixa de algo que não lhe agrada ou que não tem, e não percebe que conta com outras coisas semelhantes, pelas quais poderia ou deveria sentir-se agradecida. É o caso do pequeno que não tem um determinado doce e arma um berreiro ou fica zangado, apesar de ter outros alimentos que poderia consumir e desfrutar. Essa é uma atitude de ingratidão muito comum.

O exemplo anterior é óbvio, pois quantas crianças famintas não têm nada para comer a cada dia e desejariam ingerir qualquer coisa?

Por excesso ou por defeito, a criança deve aprender a expressar a sua gratidão, primeiramente aos seus pais, fonte de satisfação de quase todas as suas necessidades. Depois à sua família, para assim poder agradecer seus amigos e demais autoridades e líderes encarregados de sua formação a cada dia.

Os bons comportamentos, mediante bons exemplos, são aprendidos e adquirem significado nas interações sociais; a criança não é alheia a tudo o que está vendo, avaliando e depois internalizando.

Se o pequeno vê em seus pais ou cuidadores prepotência, petulância, ingratidão ao interagir com outros, manifestará essas mesmas atitudes; se, pelo contrário, percebe à sua volta que o serviço mais simples é valorizado e importante, aprenderá que as pessoas cumprem funções valiosas, que também beneficiam a ele.

Ensinar a gratidão às crianças

– As aulas sobre os valores, as jornadas de convivência, os trabalhos em equipe ou em grupo constituem meios importantes para que as crianças expressem gratidão pelo que fazem. Cada qual contribui com seu grão de areia e recebe agradecimento por sua valiosa colaboração.

– Tomando por base as ocasiões anteriormente mencionadas, como desenvolver atividades que motivem a criatividade baseando-se na proposta: de que modo você pode expressar sua gratidão para as pessoas, a família, as instituições, Deus, pelos benefícios ou bênçãos?

– Trabalhe com contos curtos ou fábulas que mostrem ativamente a gratidão entre seus personagens e que possam ser dramatizados pelas crianças; eles também podem inventar suas próprias dramatizações ilustrando a gratidão.

– Analise com as crianças situações de ingratidão para que depois elas gerem expressões passíveis de agradecimento, além de interpretar tais situações.

– A gratidão provém de casa, da mesma forma que a ingratidão. Os pais devem ser instruídos em relação aos cursos e às interações informativas periódicas programadas pelo colégio. Além disso, é óbvio, são os pais que podem transmitir aos seus filhos a maior fundamentação nos valores.

Benefícios da gratidão para as crianças

– Valorização e reconhecimento pelo que os outros fazem.

– Motivação para ser também uma pessoa que sempre se dispõe a servir.

– Satisfação pessoal própria e em relação às pessoas que a cercam, tais como pais, amigos, professores, entre outros.

– Aprimoramento da convivência interpessoal.

Alguns especialistas nos ensinam

A comunicação cortês é contagiosa no âmbito familiar. Quando as crianças tiverem que pedir algo, exija-lhes que acompanhem seu pedido com a palavra "por favor": "Mamãe, me dá leite, por favor?", ou: "Papai, por favor, me ajuda a tirar as botas?". Isto é preciso ensinar-lhes não só com a palavra, mas com o exemplo, de modo que os pais também devem usar fórmulas de cortesia: "Vá para a cama, por favor", ou: "Por favor, não faça tanto barulho". E, uma vez cumprida a ordem, é importante finalizar com um agradecimento: "Obrigado(a)". Isso é ser cortês sem comprometer sua autoridade, e ensina a criança a agradecer quando alguém fizer algo por ela. (Zig Ziglar)

Assim aprende uma criança, desenvolvendo sua destreza com os dedos e as unhas, ensimesmada com ela. Absorvendo os hábitos e atitudes daqueles que a rodeiam, empurrando-a e tirando-a de seu próprio mundo. Assim aprende uma criança, mais por meio de suas tentativas, que lhe apontando seus erros; mais por meio do prazer, que pela dor; mais por meio de sua própria experiência, que pelas indicações dos outros, e mais por meio destas que de instruções. Desse modo, a criança aprende pelo afeto, pelo amor, pela paciência e pela compreensão. Dia a dia, a criança assimila um pouco do que você sabe, um pouco mais do que você pensa e entende. Aquilo com que você sonha e em que acredita é, certamente, o que seu pequeno se torna. Tal como você percebe, com estranheza ou clareza; tal como seja seu pensamento, equivocado ou certo; tal como sejam suas convicções, estúpidas ou cheias de sabedoria; tal como você sonha, de forma apagada ou brilhante; tal como alegue falsos testemunhos ou, pelo contrário, diga a verdade, assim aprenderá a criança. (Frederick Moffett)

Fundamento espiritual

Triunfe em vossos corações a paz de Cristo, para a qual fostes chamados a fim de formar um único corpo. E sede agradecidos. (Cl 3,15)

CAPÍTULO II

Valores para jovens

A juventude representa uma etapa importante do viver, quando as decisões exigem do jovem que opte por melhores escolhas em sua vida: carreira, estilo de vida adequado, hábitos sadios, projeto de vida que o oriente, entre outras coisas, na consecução de suas metas. Todas elas convergem e suscitam no jovem profundas inquietações.

Por outro lado, sabe-se, que o mundo atual manifesta há décadas uma acentuada crise de valores, ou seja, não é que os valores nunca existiram e agora pretende-se pô-los em prática. Nem mesmo pode-se afirmar que são relativos, isto é, que possam ser interpretados e vividos de maneira própria e particular, segundo a conveniência do indivíduo; muito menos que ninguém os pratique, pois existem pessoas com valores aprendidos na vida familiar com alta qualidade e sentido humano que são vividos no dia a dia, ultrapassando os obstáculos.

Os valores são ideais, qualidades, atitudes, comportamentos, ações e outros atos com conteúdo ético, moral, afetivo e prático que aumentam o sentido do ser na pessoa; isso reflete em suas relações interpessoais, com as pessoas ao redor, inclusive na relação do indivíduo consigo mesmo.

Além disso, se é honesto ou não, se tem autodomínio ou não o tem, se é autônomo ou dependente, se é sincero ou falso... Não se pode pensar em ser honesto pela metade, sincero pela metade, autônomo pela metade. A essência dos valores está em sua vivência autêntica, em sua prática real e congruente, em sua intencionalidade dirigida sempre para o bem. Nesse sentido, a prática dos valores sempre é rentável, produz benefício e bem-estar, porque os valores se alinham ao bom e ao justo.

Os jovens se veem hoje em dia bombardeados por uma série de antivalores que são apresentados como valores: rebeldia, irresponsabilidade, oportunismo, desrespeito, egocentrismo, sensualidade, narcisismo, moleza, entre outros. Esses contravalores são oferecidos aos jovens como alternativas para um comportamento livre, alheio às normas sociais e valores morais supremos. Lamentavelmente, muitos jovens se guiam por certos padrões e terminam cometendo erros em sua vida, por tomarem decisões inadequadas e pela imitação de modelos sociais que na realidade deixam muito a desejar.

Ainda que todas as pessoas sejam dignas e merecedoras de respeito, nem todos os modelos que muitos indivíduos, em geral com reconhecimento social, oferecem à juventude são os mais adequados ou promissores para que um jovem triunfe na vida.

De modo que os valores sempre constituirão as ferramentas de formação pessoal e prevenção moral e ética, que influirão positivamente na vida de cada jovem, sempre e quando os incorporarem em sua prática pessoal e fizerem parte de seu agir cotidiano.

Os jovens pedem, então, uma maior congruência dos modelos que apregoam os mencionados benefícios dos valores. Já compreenderam melhor a teoria, mas o exemplo coerente de seus modelos é básico para a credibilidade interpessoal, inclusive social.

São propostos a seguir doze valores fundamentais para a vida do jovem que ajudarão muito em sua edificação pessoal, sem tirar nenhum mérito da importância de todos os outros valores.

1. Sinceridade

> (Do lat. *sinceritas, -atis*) Qualidade, estado ou condição do que é sincero; franqueza, lisura de caráter.

Extraído do *Dicionário Houaiss*.

Objetivo

Fomentar nos jovens a prática de diálogos e atitudes sinceras em suas diversas relações interpessoais.

Fundamentação

A época atual não está caracterizada por este valor. Em geral, as pessoas tendem a ocultar as coisas de sua vida, além de ocultar das outras pessoas inclusive o que *pensam* delas. De modo que a verdade não é um dos elementos que se possa encontrar nas variadas produções culturais, por exemplo, pode ser oferecido um produto com determinadas garantias, mas ao recebê-lo e necessitar das garantias, o adquirente constata que nem todas as garantias são cumpridas.

A sinceridade, como valor e atitude, é uma qualidade que põe em execução a *verdade*, como o ato de dizer, pensar, opinar, ser, de forma que os outros não se confundam sobre quem somos; mais claramente, que as pessoas saibam que a verdade é uma prática em cada um de nós. Por exemplo, se um cidadão pede a outro uma opinião qualquer, a resposta deveria revelar o que ele pensa, esteja ou não de acordo. Alguns perguntam a outros: "Como sou?". Às vezes não recebem respostas claras, pois quem fala teme ferir, quando o bom senso poderia ajudar no crescimento daqueles que indagaram.

O eixo principal da sinceridade é querer dizer sempre a verdade, ser autêntico, ser fiel ao próprio pensamento orientado para a verdade de todas as coisas, verdade honesta e íntegra.

O jovem sincero enfrenta o mundo onde o engano, a mentira, a traição são condutas comuns em muitas pessoas; mas este jovem, quando age, conta com a capacidade de ser um modelo de verdade e congruência em relação ao que pensa e sente.

De outro lado, a sinceridade não vai aos extremos de fazer ninguém se sentir mal, mas oferece clareza nos processos e assuntos da vida que implicam decisões e que podem afetar outras pessoas. É aí onde a sinceridade dá lugar à integridade para cuidar dos atores de uma situação, qualquer que ela seja.

Pode-se esquematizar os eixos comuns ao comportamento sincero:

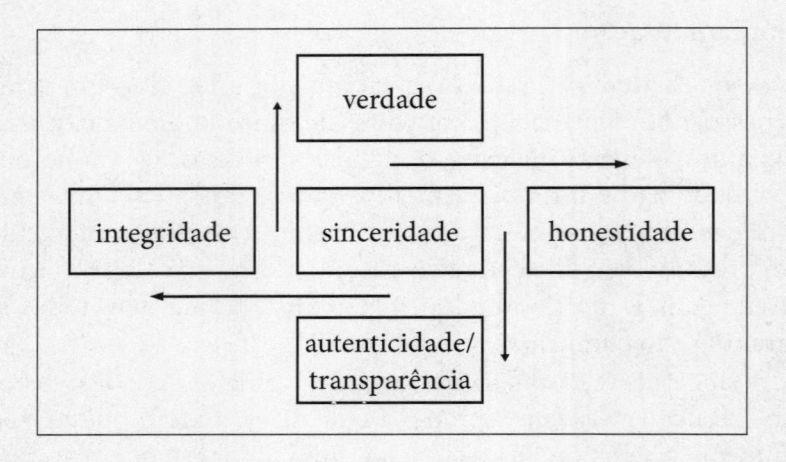

```
                    verdade
                      ↑
                      |    →
    integridade    sinceridade    honestidade
                      |
                   ← ↓
                 autenticidade/
                 transparência
```

Esse esquema não quer dizer que a sinceridade gere os outros valores, que são de maior profundidade, mas que eles se entrelaçam e se produzem mutuamente. Uns conduzem aos outros.

– Uma pessoa inclinada à *veracidade* (verdade) será sincera nos seus atos e no seu comportamento perante as outras pessoas.

– Uma pessoa íntegra cuida de sua maneira de ser, sentir e agir, o que a torna sincera com os demais.

– Uma pessoa *honesta* evitará enganar os outros, sendo sincera com eles o quanto puder.

– Uma pessoa *autêntica e transparente* procurará ser mais

simples e genuína com seus semelhantes, de modo que a sinceridade será praticada com todos.

Ensinar a sinceridade aos jovens

– Advertir os jovens quando fazem algo indevido, ensinando-lhes o valor da verdade e da sinceridade. Em tais casos, não se censura seu temperamento ou caráter, mas a ação moral mal praticada. Eles aprendem dos adultos que as ações têm uma ordem que deve ser respeitada pelo seu próprio bem e pelo bem dos outros.

– Ser justos e equitativos com eles. No caso de se verificar, na realidade, uma atitude indesejável do jovem, explicar-lhe a razão dessa falha, de modo que, invocando o conceito do valor já ensinado, mostrar-lhe na prática o equívoco de sua ação e como aquele valor beneficia sua vida e o amadurece. Por exemplo, se um filho ou aluno apresenta um comportamento rebelde ou agressivo, deve-se dizer a ele que aquela atitude não é digna da pessoa que ele pretende ser. E, além disso, pessoas com tais características são evitadas pelos outros em muitos contextos, porque causam problemas.

– Cumprir o que foi combinado com ele, seja por parte do professor, pai, líder ou amigo, que mostrarão a ele que a verdade se pratica, revelando, assim, compromisso e responsabilidade. O jovem deve ver que uma figura importante cumpre o que lhe prometeu.

– Ensinar ao jovem a verdade de um fato – nisto a própria consciência ajuda a figura da autoridade –, seus prós e contras. O engano tem causado muitos danos nos filhos, alunos, amigos, que ao final se sentiram defraudados.

– A criação de relações interpessoais transparentes não é algo fácil de conseguir ou lidar, pois geralmente as pessoas ocultam o que desagradaria a outros, ou o que as fariam perder uma boa imagem. A transparência emerge do exemplo oferecido ao jovem, que lhe revele como é valioso e produtivo ser e estar bem consigo e perante a sociedade.

– No caso dos pais, a luta contra o engano de um cônjuge ao outro é um dos meios mais efetivos para ensinar a sinceridade aos filhos. Valor esse extensivo aos negócios e às diversas relações sociais.

Benefícios da sinceridade para os jovens

– Pessoas adultas que respeitam e valorizam os demais, sendo verdadeiros em suas ações.

– Lares onde os filhos podem expressar suas inquietudes, opiniões e experiências diversas com confiança.

– Cidadãos, funcionários, trabalhadores com capacidade de compromisso e integridade no que fazem.

– Jovens que não se enredam emocionalmente em relações desonestas e imorais.

– Capacidade de se esforçar no que faz, sem procurar caminhos fáceis e enganosos para conquistar suas metas.

– Pessoas dignas de confiança nas quais se pode delegar diversas funções, com diferentes e importantes graus de responsabilidade.

– Relações de noivado onde se valoriza e se cuida do casal; isso evita que se cometam erros que perdurem por toda a vida.

– Capacidade de não enganar a si mesmo com mentiras que fazem viver uma vida de falsidade e aparência.

Alguns especialistas nos ensinam

Se você não pode ser o que é, seja com sinceridade o que puder. (Henrik Johan Ibsen)

A verdade começa por reconhecer que não a temos

Um grupo de crianças havia encontrado um cachorrinho muito gracioso; estavam brigando, porque todos queriam levá-lo para casa. De repente apareceu o pai de uma das crianças e lhes perguntou:

– O que vocês fazem, meninos?

– Estamos falando mentiras – respondeu um dos pequenos. – O que disser a maior mentira fica com o cachorro extraviado: o mais mentiroso ganha o cachorro.

– Que vergonha! – disse o pai do menino. – Vocês tão pequenos e dizendo mentiras. Quando eu tinha a idade de vocês, nunca disse uma só mentira.

Os meninos entreolharam-se um pouco assustados e tristes, mas logo depois um deles pensou e com bravura falou:

– Olha, Carlinhos, acho que seu pai ganhou o cachorrinho.

(Adhemar Cuéllar)

Caberia perguntar-se: Não é a sinceridade uma qualidade que também escasseia entre os homens? Sim, com frequência, tanto mulheres quanto homens, temermos mostrar-nos tal como somos. Preferimos disfarçar os fatos, encobrir certas verdades, utilizar eufemismos e praticar outras formas de hipocrisia, em vez de ser leais e sinceros. Pareceria que, em uma tentativa de ficar bem com os demais, nos fosse mais fácil viver com dois ou três caras ao mesmo tempo, adotando a atitude mais conveniente, conforme a ocasião. Mas quem comete semelhante vileza não peca por covardia e traição? Quão diferente é a atitude da pessoa que, sabendo que pode ser mal interpretada, tem a coragem de falar e agir com integridade. (Enrique Chaij)

Fundamento espiritual

Eis o que deveis fazer: falai a verdade uns aos outros; julgai às portas de vossas cidades segundo a justiça e a sinceridade. (Zc 8, 16)

2. Constância, perseverança

> **Constância** (Do lat. *constantia*). 1. Qualidade, característica do que é constante; incessância. 2. Qualidade daquele que não falta a uma tarefa, dever, tratamento, aula, etc.; assiduidade, frequência.
> **Perseverança** (Do lat. *perseverantia*). Qualidade de quem persevera, persiste; pertinácia, constância.

Extraído do *Dicionário Houaiss*.

Objetivo

Motivar os jovens no cumprimento e na consecução dos objetivos, comportamentos e metas a que se propõem.

Fundamentação

Este valor é fundamental em todo jovem. A perseverança é a capacidade ativa de iniciar e terminar algo proposto. Certamente implica manter-se e ser constante no caminho.

A perseverança está ligada a muitos processos exitosos na vida; praticamente toda atividade requer constância para chegar a um bom termo ou ao final. Constitui um esforço significativo e alegre pela vitória que se apresenta diante da pessoa que determina objetivos nobres em sua vida, quaisquer que eles sejam.

São várias as áreas de influência da perseverança:

– Na *intelectual e educativa:* quando se deseja conquistar um grau, título, capacidade ou aptidão específica.

– Na *personalidade:* quando se deseja mudar um hábito inadequado de vida ou fortalecer nobres virtudes.

– Na *profissional:* quando se deseja progredir, cooperar nas conquistas significativas da empresa.

– Na *espiritual:* quando se deseja seguir a Deus e sua verdade.

– Na *familiar:* quando é importante manter sempre a unidade familiar, a fidelidade e responsabilidades diversas.

– Na *social:* quando se cuida das diversas relações interpessoais na sociedade.

– Na *natural:* quando se cuida e luta pela manutenção do meio ambiente.

Geralmente, como em muitos dos valores, a aprendizagem em família, no lar, ajuda muito a criar hábitos constantes nos jovens, situação que se inicia com as pequenas concessões de autonomia para alguns comportamentos: guardar *sempre* os sapatos no lugar, guardar a própria roupa na gaveta certa, levantar-se à determinada hora para assistir às aulas, e assim por diante. Atividades constantes que ensinam rotinas e conquistas que devem ser alcançadas. Por exemplo: que o jovem curse e seja aprovado nas matérias do ano letivo.

Por outro lado, o valor do ânimo e o alento transmitido pelos educadores dos jovens ajudam-nos a assumir compromisso por suas metas e a tomar as decisões mais adequadas para sua própria vida.

Aqui é importante encontrar a relação entre a vontade e a perseverança, pois uma vontade firme e decidida mantém a pessoa *constante* no que foi determinado. O seguinte esquema ajuda a compreender:

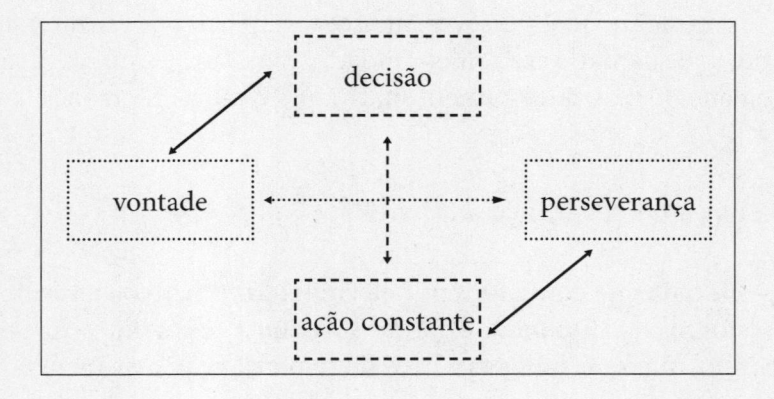

Tem-se comentado, além disso, que um dos problemas que tendem a deixar as pessoas indecisas e instáveis é a inconstância. O indivíduo decide fazer uma coisa, começa, mas pouco tempo depois *desiste* de seu intento. Sendo assim, muitos jovens iniciam cursos, carreiras, atividades, mas nunca terminam e vão pela vida perdendo seu tempo.

Essa instabilidade, como um dos inimigos da constância, apresenta-se nas diferentes áreas da vida: iniciar um negócio e desistir; terminar uma relação positiva quando já não convém ou se está muito envolvido; estar disposto a se revelar pessoa de bom ânimo e oscilar entre emoções sem controle; prometer e não cumprir, e assim por diante. Não é fácil para um jovem ou para qualquer pessoa viver assim.

Feitas essas considerações, seria possível argumentar que muitos projetos e ideias geniais não saem do papel, não se concretizam, por falta de decisão e constância. Não se pode esquecer que a cultura muitas vezes vende a ideia de que as coisas podem ser obtidas de maneira fácil, desprezando-se o esforço e a persistência que são considerados desnecessários. Que seria da sociedade se a maioria dos profissionais que a compõem não fizessem medianamente bem o seu trabalho? Precisamente o fazem por sua esforçada e persistente preparação prévia!

> Aquilo no qual perseveramos se torna fácil de realizar, não porque sua natureza tenha mudado, mas porque nossa capacidade de realizá-lo aumentou. (Ralph Waldo Emerson)

Ensinar a perseverança aos jovens

– Os pais que conseguiram determinados objetivos baseados no esforço, na disciplina e na perseverança ensinam, pelo seu exemplo, que seus filhos também podem alcançar suas metas.

– Estimular suas conquistas, sobretudo aquelas que exigem tempo, investimento e mais horas de trabalho.

– Realizar atividades conjuntas no lar, onde se requer o trabalho em equipe: fazer compras no mercado, consertar algo da casa e outras ações semelhantes.

– Delegar-lhes responsabilidades que possam cumprir e requeiram um processo: muitas diligências, documentação e trâmites geram o estímulo de fazer algo até o final. Alguns pais levam seus filhos ao campo para que os ajudem em determinados trabalhos.

– Alguns estímulos geram persistência na medida em que se obterá a recompensa *apenas quando se cumprir o prometido*. Por exemplo: um presente especial por ter sido aprovado em um curso, corresponder a um pacto, e assim por diante.

– Usar o diálogo com seus filhos ou alunos para dizer-lhes que as pessoas exitosas são perseverantes nas coisas boas a que se propõem... E que chegar a ser alguém é importante na vida para servir os demais.

Benefícios da perseverança para os jovens

– Caráter maduro (ao menos mais estável) no jovem.

– Propósitos determinados com firmeza de caráter.

– Estabilidade em instituições ou organizações onde trabalha e presta seus serviços.

– Aperfeiçoamento ao utilizar suas diversas habilidades e talentos.

– Cumprimento e correspondência aos outros com o que promete e decide.

– Carreiras, cursos, capacitações concluídas e levadas a bom termo.

Alguns especialistas nos ensinam

A perseverança não é uma forma sublime de valor como a fortaleza, mas o valor verdadeiramente, o valor da vida diária. É de uma vasta importância na obra do mundo. São tantos os que não a têm. Há muitos que podem fazer um trabalho perfeitamente, num redemoinho, mas quando têm que executar uma tarefa mais longa e difícil, a abandonam. Se todos os homens fossem impacientes, se não tivessem perseverança, o mundo logo se converteria em um lugar muito pobre para se viver. A maior parte dos nossos inventores teve necessidade de fazer um trabalho lento e paciente, mas os que continuam adiante, os que perseveram à custa de grandes trabalhos e sacrifícios, aprendem uma grande verdade que não podem aprender nos livros: a lição do valor. Como regra geral, estes obtêm êxito na vida. (J. P. Green)

As pessoas têm todo tipo de anseios passageiros, mas um anseio passageiro não é um autêntico desejo. Um menino no verão quer ser jogador de futebol profissional, mas no inverno talvez deseje ser campeão de esqui e, durante as 24 horas posteriores, devido ao grande incêndio que se desencadeou ao virar a esquina, pensará em ser bombeiro. Sua irmã vai à ópera, vê como a protagonista principal recebe flores, e quer ser cantora; mas, um mês depois, quando uma cientista recebe o prêmio Nobel, decide ser uma grande química. Nenhum desses desejos é autêntico. São caprichos fugazes. Um desejo autêntico perdura e, à medida que passa o tempo, sua força cresce em vez de diminuir. É constante e sem altos e baixos. Construa seu próprio desejo pensando nele, estudando o assunto, procurando as pessoas e lugares pertinentes e, sobretudo, assegurando que Deus, que lhe deu o desejo, também lhe concederá a conquista. (Emmet Fox)

Persistir é às vezes cego. Adiar é às vezes razoável. Abandonar é sempre lamentável. (François Garagnon)

Fundamento espiritual

Não nos cansemos de fazer o bem, porque a seu tempo colheremos, se não relaxarmos. (Gl 6, 9)

Nas corridas de um estádio, todos correm, mas bem sabeis que um só recebe o prêmio. Correi, pois, de tal maneira que o consigais. (1 Cor 9, 24)

3. Temperança

> (Do lat. *temperantia*). 1. Qualidade ou virtude de quem é moderado, comedido. 2. Sobriedade no consumo de alimentos e/ou bebidas.

Extraído do *Dicionário Houaiss*.

Objetivo

Ensinar e orientar os jovens na aquisição do domínio próprio como uma das maiores virtudes do caráter e da personalidade.

Fundamentação

Ainda que o amor constitua o valor e a virtude que fariam os homens e a sociedade melhores, pois é um *vínculo perfeito* que dá dimensão real e integral às diversas relações interpessoais, não há dúvida de que a *temperança* – também, denominada autocontrole, autodomínio; hoje em dia, inteligência emocional – faz muita falta às gerações atuais, sobretudo a juventude, que se vê motivada a dar rédeas soltas às suas diversas paixões. Sei que este tema é muito espinhoso e polêmico; os meios de comunicação, a cultura através deles, privilegiam os comportamentos rebeldes, os que insurgem, os excessos emocionais, a linguagem desrespeitosa, veiculada pelas gírias. Prova disso é que os pais, professores e líderes em geral perderam a autoridade em relação à juventude; os próprios filhos enfrentam seus pais, que muitas vezes chegam a sentir medo deles. Certamente tudo isso é indicativo de sistemas familiares que perderam uma dinâmica adequada entre seus membros, no tocante aos valores e princípios familiares essenciais para a vida.

A temperança é a capacidade (virtude) de poder controlar-se nas esferas que integram a pessoa, na medida em que a natureza do homem lhe prescreve desejos e apetites aos quais nem sempre é conveniente dar-lhes rédeas soltas. O jovem deve aprender a controlar sua alimentação, sua linguagem, suas relações e envolvimentos com os demais, sua dedicação exagerada à potência intelectual, às próprias emoções e sentimentos, suas paixões, entre outros. O autodomínio ou autocontrole, como tal, determina os limites aos quais o jovem pode chegar sem que cause dano à sua própria integridade pessoal, e claro, à de outros, à custa de violar terrenos delicados no âmbito do comportamento.

O autodomínio opera sob a *autonegação* (no masoquismo psicológico e físico), isto é, a pessoa sabe que todos os desejos e paixões devem ser controlados, que não convém satisfazê-los sempre. Ainda que o jovem tenha liberdade de não exercer o controle sobre suas paixões e desejos, sabe que isto não é de toda conveniência. Por exemplo, o jovem que engravida uma menina, causando dano em sua vida e na dela, porque não estavam suficientemente amadurecidos para arcar com as consequências de seus atos.

O domínio próprio se constrói através de bons hábitos, que pouco a pouco se tornam muito importantes e previnem o jovem de cometer erros dos quais lamentaria por toda sua vida. Constitui um treinamento pessoal no que convém, rejeitando o que causa dano à própria vida, à moral, à fé, aos valores. O domínio próprio é a escolha do melhor para a vida, que não causa dano à pessoa nem aos demais.

Mais vale a paciência que o heroísmo, mais vale quem domina o coração do que aquele que conquista uma cidade. (Pr 16, 32)

Ensinar o domínio próprio aos jovens

– Quando surge o diálogo com os jovens, é bom aproveitar temas que são de sua preocupação: sexualidade, drogas, namoro, dinheiro, vida profissional e assim por diante. É uma oportunidade para lhes ensinar como dominar-se, sendo comedido, não impulsivo, desejando amadurecer em vez de experimentar comportamentos que ao final poderão lhes causar dano. Essas conversas abertas também são desejáveis com os filhos de qualquer idade.

– Ensine as vantagens de se abster *antes* de agir, para que possam pensar melhor e tomar decisões acertadas.

– Mostre as consequências claras de todo ato que, inevitavelmente, causa danos e feridas na própria vida e na dos demais.

– Ensine que toda pessoa é mais valiosa e feliz na medida em que se domina a si mesma, e não na medida em que domina o mundo. Pode-se conquistar os demais, mas não dominar as próprias rédeas, isto é caso comum em muitas celebridades com o mundo a seus pés, mas sob a influência de drogas, imoralidades e outros problemas.

– Diga ao jovem que sempre há uma oportunidade de reservar um tempo para pensar antes de agir obsessiva e compulsivamente. Esse tempo para si mesmo permite grandes decisões na vida.

– Sugira a aquisição de hábitos sãos paulatinamente, que os conduzam a interiorizá-los e ter controle sobre si mesmos.

Benefícios do domínio próprio para os jovens

– Capacidade de não cometer tantos erros no transcorrer do dia.

– Cuidado pessoal perante as ameaças, paixões, tentações que o conduzirão ao mau caminho.

– Faculdade de decidir, responder, cumprir seus propósitos e aceitá-los como programados para servir as outras pessoas.

– Capacidade de ver a vida com sabedoria e, em consequência, agir da mesma maneira.

– Prática da prudência e moderação frente aos excessos que a cultura privilegia nas pessoas com caráter muito débil.

– Firmeza e determinação para conquistar o que se propõe.

– Disciplina com suas metas e pretensões.
– Convicções sólidas baseadas em princípios e valores morais fundamentais.

Alguns especialistas nos ensinam

Moderação é a chave mestra do domínio de si. Não façais nada que seja mal e fazei o bem com moderação. O excesso geralmente é tão mal como o malfazer.

Deve-se comer, beber, jogar e dormir com moderação. Todas essas coisas são boas e necessárias, mas quando a pessoa se excede em uma delas, não somente cria muitas dificuldades para si, como também perde a estima de seus vizinhos. Geralmente não gostamos de um extremista e não estamos dispostos a confiar nele. A falta de temperança é ultrapassar ou não chegar ao normal. Quando uma virtude é levada ao extremo se converte em vício, e quando não se a vive completamente, também se converte em vício. O excesso do trabalho é mau, mas a vadiagem é um vício. A abstinência de alimento por pouco tempo pode ser boa para a saúde e para a alma, mas levada ao extremo produz debilidade do corpo e se converte em vício. Pode-se chegar a ser intemperante em todas as coisas. (J. P. Green)

Temperança é moderação no uso do bem e abstinência total do mal. (Frances Willard)

Fundamento espiritual

Pois Deus não nos deu um espírito de timidez, mas de fortaleza, de amor e de sobriedade. (2 Tm 1, 7)

4. Autoimagem e autovalorização

> De **imagem** (Do lat. *imago, -inis*). 1. Representação da forma ou do aspecto de ser do objeto por meios artísticos. 2. Aspecto particular pelo qual um ser ou um objeto é percebido; cena, quadro.

Extraído do *Dicionário Houaiss*.

Objetivo

Ensinar os jovens a se valorizar e a se aceitar como pessoas com qualidades e características particulares, também muito importantes.

Fundamentação

Partindo-se do conceito de imagem caracterizado no quadro acima, pode-se aplicar à pessoa e dizer que a autoimagem é a percepção que o indivíduo tem de si mesmo, no sentido de se ver ou sentir *como aparece perante as outras pessoas, como se reflete*. Por outro lado, a autovalorização, inerente à própria imagem, sugere que a pessoa – neste caso o jovem – sente que possui um valor para si mesmo, para o contexto que o cerca (como a família e amigos) e para Deus. Este valor próprio se experimenta no que o jovem *faz*; quando é consciente das capacidades e atitudes específicas que adota para fazer as coisas; da eficácia em suas relações interpessoais; quando consegue entabular relações adequadas com as outras pessoas.

O núcleo central ou base para uma autovalorização sadia radica nos retornos que recebe aprovando ou não suas atitudes e nos ensinamentos transmitidos pelos pais ao jovem; se ele foi *aceito, valorizado, incluído, inserido* dentro de sua dinâmica familiar. É claro que a aprovação não está focada no mau comportamento ou na rebeldia de um jovem, mas na percepção de todas as coisas boas que há nele, como talentos, ações amáveis, valores que pratica, conquistas e outras percepções semelhantes. No caso de condutas indesejáveis do adolescente, deve-se corrigi-lo com disciplina.

Para o jovem estar bem consigo mesmo, ele não deve criar um estado de narcisismo ou orgulho que o faça perder a perspectiva real da vida, onde ele não é o centro do universo, mas deve ser um fundamento para se proteger dos danos que podem acarretar más decisões que sugerem baixa valorização ou baixo conceito de si mesmo. Por exemplo, usar drogas para sentir-se livre ou bem.

Os jovens que têm conceito sadio de si sabem que podem melhorar no que fazem, além de valorizarem e lutarem por metas que determinam e aspiram.

Sabendo que a cultura atual privilegia a imagem social – em muitos casos, a *aparência* –, o jovem deverá buscar uma proteção psicológica para enfrentar eventos que requeiram uma decisão; assim evitará, ao final, ser arruinado por paixões e emoções momentâneas, na hipótese de não decidir bem. A boa autoestima equilibra a pessoa para decidir e permitir se o meio ou as pessoas lhe causarão dano, ou se superará os obstáculos que surgirem, quaisquer que sejam. A aparência externa deve se equilibrar com a condição interna: de nada valeria jovens com excelente apresentação pessoal, mas com princípios morais e comportamentos degradantes, como lamentavelmente costuma acontecer.

> O desenvolvimento humano é, antes de tudo, um processo, um caminho, uma tarefa que incumbe a cada pessoa. Portanto, não se pode confundir com nenhum meio externo que se utilize precisamente para propiciá-lo. (Eduardo Aguilar e Alfonso Jáuregui)

Ensinar a autoimagem e a autovalorização aos jovens

– Mediante as diversas áreas de humanidades e matérias psicológicas acessíveis aos jovens, deve-se reforçar o fato de que um conceito saudável por si ajuda a enfrentar diferentes embates da existência; a atitude, a autoestima, a vontade, o domínio próprio são desejáveis para triunfar na vida.

– Analisar casos de jovens que tiveram fracassos ao pensarem inadequadamente a respeito de si mesmos ajuda a tomada de consciência do ser único que cada qual é como pessoa. Exemplos disso são casos sociais como anorexia, suicídio, alcoolismo, prostituição, entre outros, que surgiram, em muitas ocasiões, do autodesprezo.

– Analisar casos de personagens que se destacaram apesar de não terem sido valorizados; talvez rejeitados, não tiveram oportunidades, ninguém acreditou neles, contavam com um impedimento físico. Mas, finalmente, deixaram legados importantes na sociedade: José, na Bíblia; Andrea Bocelli, entre muitos outros.

– Realizar atividades de autoanálise que conduzam a processos de tomada de consciência, perdão, decisões e mudanças de atitudes. Isso acontece nos cursos, convívios, retiros e diversas atividades grupais.

– Em casos delicados, os jovens demandarão ajuda psicológica.

Benefícios da autoimagem e da autovalorização para os jovens

– Valorização de si mesmos, ainda que em circunstâncias adversas de sua vida.

– Valorização dos demais, pois quem tem amor-próprio equilibrado pode transmiti-lo aos demais.

– Capacidade de tomar decisões em face de eventos nocivos para o próprio jovem, como aceitar consumo de drogas, transa-

ções financeiras desonestas, entre outros.
– Dinamismo e boa atitude para ir ao encontro de suas metas.
– Paz consigo mesmo ao erradicar a luta interior com o que não é, o que não tem ou não está chamado a ser.
– Aceitação de Deus como seu criador e formador.

Alguns especialistas nos ensinam

Os meios de comunicação realizam um trabalho forte e intenso para convencer suas audiências sobre como se vestir, como ter uma pele melhor, como manter um cabelo sedoso e brilhante, que marca exibir, qual é a moda atual, como são o homem e a mulher modernos, que creme oferece ou promete um alento mais fresco e puro, entre outras propagandas. De modo que não é fácil controlar a pressão que as pessoas recebem dia a dia, sobretudo através das telas da televisão. Um dos aspectos mais importantes para a tomada de consciência pessoal é a aceitação própria de nossa realidade física e corporal; para alguns não é fácil falar da forma de seu nariz, do formato de sua dentição, da qualidade de seu cabelo, pois se torna uma batalha e guerra contínua que tira muita energia e autoestima das pessoas. Não é raro ver como muitos se preocupam com as formas e a estética da aparência física. É muito alta a carga que devem suportar!

Em certo sentido, estar muito preocupados com a aparência pessoal é bastante egoísta, uma vez que implica um viés que afeta outras áreas da personalidade e do espírito que também merecem nossa atenção e desenvolvimento. Por exemplo, é fácil realizar uma boa combinação de cores ao escolher o que vestir, mas isso não implica melhorar a arrogância ou a ira patológica de uma pessoa. Dá para entender isso? Se as coisas estéticas ou formais ajudaram eficazmente a mudança, não duvidaríamos um instante em investir as energias e forças que empregamos nelas. Claramente uns olhos muito belos não permitem deduzir uma personalidade moralmente sadia. Uma dentição harmônica e branca não indica cortesia e linguagem construtiva. (Alfonso Barreto)

Se você não se aceita como é, o que é que lhe agrada em você? Há algo que esteja fazendo que lhe causa problemas? Há algo que gostaria de fazer ou que deveria estar fazendo? Falta algo em sua vida? Se conseguir descobrir o que lhe falta, provavelmente trate de acrescentar essas coisas em sua vida. Se você sente a necessidade de mudar algo em sua vida, então talvez possa focar sua atenção em tratar de fazer essa mudança. Cada vez que você conquista algo específico e concreto, sente-se melhor consigo mesmo. (Mónica Ramírez Basco)

Fundamento espiritual

Certamente, ninguém jamais aborreceu a sua própria carne; ao contrário, cada qual a alimenta e a trata, como Cristo faz à sua Igreja, porque somos membros de seu corpo. (Ef 5, 29)

5. Diálogo

> (Do lat. *dialogus*, e este do gr. διάλογος) 1. Fala em que há a interação entre dois ou mais indivíduos; colóquio, conversa. 2. Contato e discussão entre duas partes em busca de um acordo.

Extraído do *Dicionário Houaiss*.

Objetivo

Fortalecer nos jovens o valor do diálogo como um meio, um instrumento para experimentar e depositar confiança em seus entes queridos e pessoas importantes em sua vida.

Fundamentação

O diálogo como uma ação e uso mais efetivo da comunicação é um dos valores e instrumentos mais importantes na compreensão dos seres humanos. Cabe esclarecer que o diálogo é a aplicação efetiva da comunicação entre as pessoas.

Na realidade, o diálogo constitui a ferramenta ou o veículo para que as pessoas – neste caso os jovens – expressem seus sentimentos, emoções, ideias, projetos e desejos. Assim, como meio de expressão, representa a solução para aquelas situações de tensão, rebeldia, inconformismo, estresse, que afligem a atual geração.

Sabe-se que a vida dos jovens hoje em dia não é fácil, perante tudo o que devem enfrentar, as pressões às quais se veem submetidos, quando não, aos comportamentos danosos no âmbito moral que as modas, más companhias, grupos rebeldes, ideais agressivos, álcool e drogas lhes são propostos como caminhos para a realização ou a liberdade.

De modo que a prática do diálogo no lar, já sedimentada na

infância e continuada na juventude, se converte em uma ferramenta sólida para compreendê-los e dar-lhes abertura diante daquilo que os inquieta. A confiança para que eles exponham suas mais profundas incertezas e inquietações só se conquista mediante um diálogo incondicional e permanente, para fazê-los ver que contam, inicialmente, com pais amorosos abertos às suas necessidades de todo tipo, não exclusivamente materiais, assim como mestres, tutores ou orientadores que possam colocar-se em seu lugar para melhor assessoria e conselho sobre suas incessantes interrogações.

Cada jovem é um mundo diferente em processo de consolidação de sua identidade, na tomada de decisões e na determinação de seus projetos de vida, assim como também pessoas que buscam modelos congruentes nos quais possam encontrar apoio ético e espiritual.

Desse modo, estar disposto a escutar ativamente um jovem abre a possibilidade de orientá-lo pelo caminho de uma existência produtiva e de evitar erros que possam marcar negativamente a sua vida. Para o jovem, ser escutado significa sentir-se importante e valioso.

É provável que um dos fatores críticos na decadência da nossa juventude esteja em ter formado uma geração sem compartilhar o tempo com a família, especialmente sem valorizar as oportunidades de diálogo. Isto fez com que os jovens se sentissem solitários e vazios, e certamente lançados na permissividade, rebeldia e outros mecanismos produtores de falsa satisfação pessoal. Não é raro, então, que os jovens forjem ideias destrambelhadas para chamar a atenção ou depositem sua confiança em pessoas e ideais incorretos, que realmente não lhes conduzirão a um porto seguro. O diálogo é a grande oportunidade de construir família, amizade, ética, moral e espiritualidade, quando se compartilham aspirações e interesses comuns. É preciso ainda fazer o jovem saber que é importante o que ele sente e expressa.

Ensinar o diálogo aos jovens

– Os pais devem envolver seus filhos na tomada de decisões a respeito de mudanças no interior da casa, aquisições, aspectos econômicos, regras necessárias para o bom funcionamento do sistema familiar, aspirações comuns, família e outros assuntos.

– É conveniente que tanto o pai como a mãe, incluindo qualquer pessoa encarregada do jovem, perguntem-lhe como vão as coisas. Não se pode achar que todas as coisas vão bem só porque ele não compartilha fatos que ocorrem com ele.

– Aproveitar as oportunidades em que eles contarem algumas de suas preferências ou vivências mais recentes, abrindo a porta para um diálogo mais prolongado, talvez intenso.

– Os docentes em suas aulas podem facilitar variados tipos de debates e *brainstormings* que permitam tratar diversos temas, não exclusivamente o típico ou próprio da matéria, para não perderem a possibilidade de conhecer diferentes pontos de vista dos jovens.

– Em casos patológicos, quando nunca existiu a comunicação entre pais e filhos, o *perdão* pode ser um meio muito eficaz para sanar a irresponsabilidade por não se interessar pelas coisas dos filhos jovens e terem passado por alto inquietações, dúvidas e problemas que eles lhes apresentaram. Na realidade, isso foi interpretado como certo roubo de tempo e rejeição dos pais em relação aos filhos. O perdão como meio inicial ajuda a romper as barreiras de ressentimento criadas.

– Os hábitos de integração e convivência em geral, criados no seio da família, sempre constituem veículos importantíssimos para dialogar com os filhos e deixá-los se expressar.

Benefícios do diálogo para os jovens

– Integração familiar, confiança em seus pais e tutores, uma vez que podem expressar o que sentem e esperar opiniões e conselhos a respeito de suas próprias inquietações.

– Tomada de decisões mais acertadas por contar com a opinião de pessoas mais próximas que os valorizam e nas quais podem depositar confiança.

– Sentido de pertença dentro de seu grupo familiar ou social, porque conhecem suas ideias e convicções.

– Capacidade de saírem de situações tensas (que os podem afligir) ao expressarem suas dúvidas, temores, inseguranças, o que evitará que cometam sérios erros.

– Participação em processos construtivos onde se requer a contribuição de opiniões, ideias, inovações e projetos.

– Abertura e disposição para o jovem escutar seus semelhantes, assim como ele é escutado.

Alguns especialistas nos ensinam

Percebi que a melhor maneira de dar atenção concentrada a um adolescente é reservar um tempo para passar só com ele. Talvez você já esteja pensando que isso é muito difícil. Tem razão. Encontrar tempo para estar só com um adolescente, livre de outras distrações, é o que considero o aspecto mais difícil de uma boa educação dos filhos. Mas enfrentemos o fato: a boa educação dos filhos toma tempo. Encontrar esse tempo em nossa hiperativa sociedade é difícil, especialmente quando os adolescentes têm outros interesses com os quais os pais hão de concorrer. Mas isto indica ainda mais que a atenção concentrada é algo crucial. Hoje nossos adolescentes são mais influenciáveis por forças externas à família que nunca antes na história. (Ross Campbell)

Escutar com todo o corpo pode descrever-se como uma ação na qual participam ativamente todas as partes visíveis do nosso organismo, de modo que quem fala percebe com clareza que estão prestando o máximo interesse e verdadeira atenção ao que está dizendo. Isso faz sentir ao orador que apreciamos e valorizamos o que disse, e ele mesmo como pessoa. (Nancy Van Pelt)

Uma das razões mais frequentes dos conflitos entre pais e filhos consiste em ter esquecido como se escuta o outro com paciência e amor. Em compensação, os filhos o aprendem facilmente se os pais ensinam e demonstram. Em síntese, pode-se dizer: amar é escutar e escutar é amar. Penso, pois, que quase todos devemos ser instados a escutar sem críticas ou queixas e que nisto está a raiz de todas as relações de amor. Para ter relações de amor, devemos ter a arte de escutar com ternura. Devemos demonstrá-lo com palavras, mas também com a atenção e o silêncio. Que guardemos para os outros o mesmo interesse que temos por nós mesmos. (Pasquale Ionata)

Fundamento espiritual

Uma resposta branda aplaca o furor, uma palavra dura excita a cólera. (Pr 15, 1)
Saber dar uma resposta é fonte de alegria; como é agradável uma palavra oportuna! (Pr 15, 23)

6. Identidade

> (Do lat. *identitas, -atis*) 1. Estado do que não muda, do que fica sempre igual. 2. Consciência da persistência da própria personalidade. 3. O que faz que uma coisa seja a mesma (ou da mesma natureza) que outra.

Extraído do *Dicionário Houaiss*.

Objetivo

Afirmar nos jovens o conceito e a vivência de sua identidade como meio de alcançar sua unidade pessoal e desenvolvimento social.

Fundamentação

O conceito de identidade tem diversas conotações e varia dentro do quadro de referência em que é situado ou de onde se deseja teorizar. Neste caso, utiliza-se o conceito de identidade sob o ponto de vista psicológico e ético, onde o jovem adquire as características mentais e emocionais concomitantemente com seu ser biológico, espiritual e intelectual. A busca que se intensifica a partir dos doze anos geralmente leva cada jovem a pensar em seu papel como pessoa sexuada; como parte da sociedade; no desenvolvimento de convicções pessoais (valores éticos e espirituais) que lhe conferem a sensação de *unidade* pessoal e *integridade* moral, aspectos tão fundamentais em seu desenvolvimento integral e tão desvirtuados pelas novas tendências ou modas sociais.

Modelos errôneos como o *metrossexual*[1], o *andrógino*[2], além de grupos culturais de orientação rebelde e agressiva, pansexualismo, libertinagens diversas, dependência de drogas e alcoolismo, entre muitos outros fatores, vão contra o verdadeiro desenvolvimento do jovem como construtor de família e gestor da sociedade em que participa.

A identidade é constituída então pelas características próprias da personalidade, pela sensação de ser, pela orientação sexual do indivíduo, assim como pelo papel do gênero desejável para uma vida que se desenvolve sob princípios éticos e espirituais. A identidade é consciência do próprio ser, mas não como um acúmulo de sensações diversas e confusas que se experimenta ao agir de qualquer forma, e sim como um selo distintivo perante outras pessoas.

Para o jovem, é possível que a busca de sua identidade, o desejo de sua autoafirmação se baseie na escolha de uma carreira, em sua atividade econômica produtiva, em alguns aspectos de sua qualidade de vida, e assim por diante. No entanto, a identidade está muito ligada à indagação "quem sou?", e as múltiplas respostas (adequadas ou não) que se ofereçam a essa pergunta determinarão caminhos e estilos de vida, que também poderão ser positivos ou negativos. Isso é fácil ilustrar com o exemplo da jovenzinha que desafortunadamente cai na prostituição desde muito cedo, denegrindo seu ser integral, em contraposição à jovem que opta por uma carreira e por servir à sociedade, progredindo em seu próprio campo de ação.

---

(1) Termo cunhado por Mark Simpson em 1994. Este tipo de "novo homem" se preocupa com sua imagem e corpo em excesso; usa cremes, pinta as unhas, recorre a elementos femininos, ginásticas e outros. Sua orientação sexual pode ser qualquer uma. O dinheiro é fonte para suas excentricidades. Há uma obsessão por sentir-se bem consigo mesmo e demonstrá-lo aos demais.

(2) Diz-se da pessoa que se assume com características psicológicas tanto femininas como masculinas. Esses traços da personalidade também se manifestam na aparência física e imagem do indivíduo. Na realidade, não há uma definição quanto ao papel do gênero como tal.

A identidade é a conjunção dos elementos biológicos, psicológicos, emocionais e espirituais do indivíduo, que o tornam diferente dos demais e conferem unidade em si mesmo. Um indivíduo pode estar integrado em si ou estar dividido. Tudo parte da definição integral que uma pessoa fizer de si mesma ao longo do tempo e de suas experiências de vida.

Os jovens se veem expostos a uma infinidade de modelos e estereótipos errôneos, que, ao serem imitados e seguidos, podem lhes acarretar consequências no seu comportamento como pessoas. Faz-se mister um trabalho constante neste importante valor, como uma prática que não pode ser despersonalizada, isto é, fazendo do indivíduo um sujeito exposto a qualquer tipo de mudança, como a imoralidade, a rebeldia, a violência, hábitos insanos, entre outros.

Ensinar a identidade aos jovens

– A formação ética é fundamental na vida de todo jovem, ela indica que o jovem incorpora valores morais e espirituais para ser melhor em suas ações e relações interpessoais. Em consequência, não é adequado dizer-lhe ou ensinar-lhe que tudo lhe convém e que não terá certas dificuldades se der rédeas soltas a comportamentos sem ponderar as possíveis consequências.

– Importa recordar aos jovens a estrutura adequada da família, o papel de um homem (pai) e de uma mulher (mãe) com funções específicas. A fusão de um homem e uma mulher comprometidos constrói a família como um ideal de melhoria na convivência da sociedade em geral.

– Proporcione um modelo adequado do papel que você desempenha como pai, mãe, professor, líder, tutor. Isso tornará mais congruente e consistente os modos desejáveis de agir e interagir.

– Permita um diálogo com o jovem sobre esses temas "inquietantes" para ele, mas que também serve como meio de formá-lo sobre as inquietações da existência diária.

– Ratifique os gêneros exclusivamente criados por Deus: homem e mulher. Tenha em conta que as "outras opções" podem constituir problemas psicológicos, conflitos emocionais graves, tomada inadequada de decisões, frustrações na vida, indução de outros ao mau caminho, e assim por diante. Se, na realidade, deseja-se beneficiar aos jovens, a verdade deve ser um estandarte importante.

Benefícios de uma identidade sadia para os jovens

– Maior plenitude e satisfação consigo mesmo, assumindo seu papel como homem ou mulher, além das demais posições a eles incorporados: estudante, filho, membro de um grupo, etc.

– Tomada de decisões acertadas diante de opções inadequadas de tipo sexual que, a longo prazo, trariam-lhe problemas morais, interpessoais, familiares, espirituais, entre outros.

– Disposição e compromisso para formar uma família com maturidade e decisão no momento apropriado.

– Desejo de dar dinamismo a seu projeto de vida, que inclui todas as áreas que o configuram como pessoa.

Alguns especialistas nos ensinam

A adolescência é um tempo de transição entre a infância e a maturidade. Por isso o adolescente é instável. Sua vida não está definida. Hoje quer uma coisa, amanhã outra. Hoje age como um menino de colégio e amanhã como um amadurecido argumentador. Ri e chora sem saber por quê, está só e acompanhado ao mesmo tempo, vai à procura de sua própria identidade. No meio desses traços característicos, o jovem ou o adolescente se enche de sonhos, ambições e afãs. Uma de suas ambições é a notoriedade. O rapaz quer chamar a atenção, quer ser visto, quer ser admirado. E quando não pode atingir este desejo inconsciente destacando-se por algo plausível, cometerá qualquer desordem contanto que atraia a atenção dos demais. A esse mesmo anseio juvenil de notoriedade corresponde seu modo típico de se vestir, caminhar e pentear-se. Outro afã inconsciente que brota nesta etapa da vida é a imitação. Sem uma personalidade totalmente definida, o jovem vai copiando os modelos que tem diante de si. Imita as outras pessoas. Resiste-se a ser diferente. Teme ser rejeitado ou desprezado se difere de seus companheiros. Lamentavelmente, nem sempre imita os melhores. E assim aumentam seus conflitos e se aguça sua crise existencial. Quão importantes são, então, as amizades, os hábitos e os ideais que o jovem ou o adolescente adota.

Durante esta fase da vida, o jovem precisa saber escolher, precisa saber dizer «não» e «sim». Não às más companhias, à perda de tempo, aos vícios, à rebelião sem causa. Sim às boas companhias, aos bons ideais, ao estudo, ao trabalho, à conduta correta. Isto significa que o jovem ou o adolescente precisa desenvolver uma grande medida de valor. Valor para pronunciar inteligentemente as duas palavrinhas mencionadas, valor para lidar bem com suas crises pessoais, valor para seguir o caminho correto de sua vocação e de sua vida social. (Enrique Chaig)

O ser humano é uma obra inacabada, um projeto por realizar; mas, possuidor como é de múltiplas faculdades, é dotado das melhores ferramentas para executar em plenitude a tão maravilhosa tarefa de autorrealização. O ser humano pode e deve ser melhor, aí radica seu compromisso moral. O ser humano só encontra motivos de satisfação em seus ganhos e conquistas, nesse caminho ascendente que o convida a olhar permanentemente em direção ao perfeito, ao inesgotável, a estar sempre sedento e insatisfeito. E tal progresso unicamente é possível no âmbito dos valores humanos; o ser humano é moralmente melhor quando é honesto, quando é leal, quando é cordial, quando é eficiente, quando é responsável; enfim, quando é íntegro. (Guillermo Mora)

Fundamento espiritual

Então Deus disse: "Façamos o homem à nossa imagem e semelhança". (Gn 1, 26)

Deus criou o homem à sua imagem; criou-o à imagem de Deus, criou o homem e a mulher. (Gn 1, 27)

Ninguém te despreze por seres jovem. Ao contrário, torna-te modelo para os fiéis, no modo de falar e de viver, na caridade, na fé, na castidade. (1 Tm 4, 12)

7. Convivência

> (Do lat. *convivere*) 1. Vida em comum; contato diário ou frequente. 2. Intimidade, familiaridade.

Extraído do *Dicionário Houaiss*.

Objetivo

Estimular e garantir a convivência entre os jovens como um meio de desenvolver relações interpessoais satisfatórias com seus semelhantes.

Fundamentação

Sem dúvida alguma, um dos grandes problemas da humanidade, por assim dizer, é a falta de convivência, ou melhor, a incapacidade de as pessoas relacionarem-se bem umas com as outras. Desta maneira, os conflitos, as divisões, a violência, as incompreensões, a intolerância, entre outras anomalias do conviver diário, lamentavelmente, fazem da vida uma experiência ingrata. Isso no tocante às dificuldades interpessoais, uma vez que a existência é uma grande oportunidade para o homem se elevar, se realizar no projeto de vida que Deus tem para ele.

No caso dos jovens, a convivência sadia não é algo que ressalte por sua qualidade ou frequência, pois a mesma rebeldia e egoísmo deles os induzem a ter dificuldades com seus companheiros de grupo, inclusive familiares. Sabemos que não é nada fácil satisfazer e comprazer os jovens, pelas mudanças que enfrentam, pela instabilidade de ânimo e impulsividade que os caracterizam. Em consequência, suas vidas são marcadas por inumeráveis erros e, talvez, sérios equívocos. Se bem que não se pode generalizar essa posição. Cabe considerar que a situação atual dos jovens os desafia a melhorar sua qualidade de vida, inicialmente em seu caráter, no seu modo de agir e, claro, nas relações com seus semelhantes.

É lamentável que o lar seja o lugar onde se apresentem mais dificuldades de convivência: pais contra os filhos, filhos revoltados contra seus pais, brigas e disputas entre irmãos, competição desmedida quando agem em grupo e outras dificuldades que, ao longo do tempo, tornam-se uma carga para os jovens e para aqueles com quem interagem.

A convivência, então, pode se definir como a capacidade de se relacionar apropriadamente com seus semelhantes, superando os conflitos e diferenças e aprofundando o amor, o respeito, a tolerância, a amabilidade, que permitam a obtenção de metas e propósitos comuns, além de tornar mais fácil o cotidiano. Isto pode ser compreendido com um simples exemplo. Imaginemos um usuário de transporte que entre em desavença com o condutor do veículo; este não deseja transportá-lo e aquele não deseja vê-lo nunca mais, se é que não chegaram a trocar golpes e ofensas.

Os jovens necessitam de domínio próprio para tolerar, refrear sua raiva, repensar sua rebeldia, escolher suas amizades. Somente desta forma poderão entabular relações produtivas com seus semelhantes. No mais, a verdadeira convivência, se bem que respeite o outro pelo fato de existir, também é seletiva, na medida em que procura rodear-se de pessoas benéficas, orientadas para o bem, que contribuem para a construção pessoal. Por exemplo, uma coisa é dizer que respeitamos o ladrão e desejamos sua mudança de vida; outra é andar com ele, tornando-se conivente com seus atos. Importa deixar claro para o jovem que todas as pessoas merecem respeito, mas o mal deve ser combatido em qualquer circunstância.

Ensinar a convivência aos jovens

– Diz-se que mais vale um bom exemplo do que mil palavras. O exemplo de convivência sã começa em casa e se reproduz nos diferentes contextos em que o jovem se relaciona. A respeito disso, a responsabilidade recai inicialmente sobre os pais.

– É muito produtivo realizar debates, análises de casos atuais, utilizando jornais, livros, TV, filmes, rádio, internet e outros meios onde a convivência se vê afetada, denegrida, de modo que eles possam argumentar e propor soluções alternativas para os respectivos conflitos.

– Assim, o tema da *mudança pessoal* em aulas de ética, civismo, urbanidade, psicologia, inteligência emocional e valores, entre outros, deve ser uma constante. Um tema de interesse para os jovens pode ser a qualidade de vida obtida mediante a mudança pessoal.

– Os docentes devem revelar, em uma segunda instância, a prática apropriada da convivência no trato com os demais colegas. Essa congruência é boa para os jovens muito atentos a modelos próximos às suas inquietações e incertezas.

Benefícios da convivência para os jovens

– Respeito e tolerância perante as diferenças de ideias, opiniões e convicções.

– Relações adequadas e honrosas com seus pais e outros líderes encarregados de seus processos educativos.

– Domínio próprio perante temas candentes e situações tensas que requeiram reflexão, "cabeça fria".

– Competências sociais nos diferentes âmbitos em que interagem.

– Saber selecionar e escolher satisfatoriamente suas amizades, membros de equipe ou grupo.

– Altruísmo e sensibilidade em face das dificuldades pessoais e dos demais.

Alguns especialistas nos ensinam

O ser humano nasce na sociedade e só nela pode se realizar como pessoa; cada ser humano necessita dos demais para subsistir e para crescer. Porém, mais do que uma necessidade, a convivência é uma experiência aprazível e afável; ela permite à pessoa partilhar e comunicar: expressar seus pensamentos, dar a conhecer seus sentimentos e participar de seus desejos, anseios e esperanças, com verdade e liberdade. Poder dar a mão a outro, saber que não se está só e que se tem amigos, companheiros, colegas, irmãos e familiares com quem pode se inter-relacionar em diversos graus de proximidade, enche o ser humano de muito otimismo e esperança para continuar pelo caminho da vida. (Guillermo Mora)

Aprendemos a voar como os pássaros, a nadar como os peixes, mas não aprendemos a simples arte de viver juntos como irmãos. (Martin Luther King)

Fundamento espiritual

Se for possível, quanto depender de vós, vivei em paz com todos os homens. (Rm 12, 18)
Oh, como é bom, como é agradável para irmãos unidos viverem juntos. (Sl 133, 1)

8. Autonomia

> (Do lat. *autonomia, e este do* grego αὐτονομία). Capacidade de se autogovernar.

Extraído do *Dicionário Houaiss*.

Objetivo

Reafirmar nos jovens o valor da autonomia como um meio de fortalecer seu caráter, suas ações e tomadas de decisões.

Fundamentação

A autonomia é daqueles conceitos, atitudes e valores com os quais não se pode ir aos extremos, muito semelhantes a valores como a liberdade, autoestima, assertividade, entre outros, que não se devem exceder para não derivar em comportamentos desproporcionados e antiéticos. Define-se a autonomia como a capacidade de poder determinar, decidir, enfrentar, planejar algo por si mesmo, de maneira que a pessoa, neste caso o jovem, possa realizar algumas atividades com independência de outros, porque conta com as competências adequadas para tanto. De modo que vontade, independência, liberdade e responsabilidade giram em torno deste valor perante a vida, bastante útil nas relações interpessoais e no próprio desenvolvimento pessoal.

Quando se fala de ir aos extremos, pretende-se evitar decair em antivalores como autossuficiência, rebeldia, intemperança, orgulho, altivez, egoísmo e outros, que fazem sentir que a pessoa poderia fazer tudo por si mesma, sem nada requerer das relações comunitárias ou fraternas. Aqui a autonomia seria mais uma distorção do que uma atitude para agir como se deve, pois os jovens poderiam admitir, como no caso da liberdade, que ser autônomo significa assumir normas e deveres sob a ótica relativista e exclusivista, interpretando a ação adotada do modo mais conveniente para si.

Entretanto, existem normas que o jovem pode impor a si mesmo, na forma de valores, convicções e princípios que o mantenham no bem e no caminho do progresso. Mas também existem normas de tipo grupal, social e comunitário, que podem ser admitidas ou postas em prática em razão da convivência e interação social adequada. Na realidade, não se pode desligar a autonomia da responsabilidade, uma vez que o jovem poderia pensar que já sabe o que quer na vida, sentir-se muito seguro de si mesmo e considerar que não requer o conselho, ou não precisa contar com a experiência de outros em relação a certos aspectos da vida. A verdade é que o jovem passa por processos interessantes na configuração de seu projeto vital, se assim se pode denominar uma sistematização e organização de objetivos, metas e ações concretas para conseguir na vida.

A autonomia, em sentido muito positivo e otimista, é um valor que ensina ao jovem que pode fazer coisas boas por si mesmo, sem esperar que os demais necessariamente as façam por ele. Isso implica pôr em prática os valores em prol de uma melhor convivência e projeto de vida. A autonomia deve oferecer ao jovem a espontaneidade para cumprir as normas sociais e pôr em prática seus valores, princípios e aquelas nobres intenções nas quais crê.

Ensinar a autonomia aos jovens

– Os pais devem permitir aos filhos escolher atividades, cursos, rotinas e outros eventos, onde eles possam se desenvolver, adquirir e polir novas habilidades, de forma que possam se sentir seguros de si mesmos, no tocante à tomada de decisões. Certamente, essa recomendação se refere a atividades sadias, pois, quando os jovens escolhem atividades que põem em risco sua vida de modo geral, atingindo aspectos morais, físicos e outros, impõe-se assessorá-los, mostrando-lhes os prós e contras da situação.

– Permitir aos jovens participar, opinar, projetar, atuar, pois contam com um grande cabedal de ideias que podem ser de grande ajuda na tomada de decisões, trabalho em grupo e funções que desempenham dentro do lar, entre outros.

– Delegar aos jovens atividades que impliquem responsabilidades que eles possam assumir e facilitem o desenvolvimento de seu caráter, como diligências, assessorias, monitoramentos, investigações, consultas, e assim por diante.

– Dialogar e propor debates em grupo, com estudos de caso, onde os jovens possam analisar as conveniências e inconveniências de uma vida com autonomia ou sem ela. Assim obterão maior sensibilidade e responsabilidade perante o que fazem.

– A congruência evidenciada, uma vez mais, nos adultos que rodeiam o jovem, é muito importante para mostrar-lhe os benefícios da autonomia pessoal dentro da família, do colégio, da universidade e, inclusive, no local de trabalho.

Benefícios da autonomia para os jovens

– Melhora em suas escolhas pessoais ao decidir cumprir o papel dele esperado dentro da família, na educação e na vida social.

– Capacidade de pôr em prática suas normas, valores e convicções, assim como respeito pelas normas sociais e de convivência.

– Respeito pela liberdade e pelas ideias que os outros determinam como critérios de vida.

– Fidelidade aos princípios morais aprendidos na igreja, no lar, na escola ou colégio.

– Determinação pelo bem, em face da maldade que, infelizmente, atinge ampla parte da humanidade.

– Luta constante e firme por seus sadios e nobres ideais dentro de seu projeto de vida, com seus objetivos, metas e propósitos.

Alguns especialistas nos ensinam

Além de se descobrirem a si mesmos, em suas pessoas e em suas forças básicas, os adolescentes se abrem ao mundo. Ao mesmo tempo em que o mundo infantil vai se desintegrando, as possibilidades perante a vida, perante as pessoas, perante tudo o que existe multiplicam-se vertiginosamente. A adolescência é o começo de um processo de socialização como busca de um lugar na sociedade e em um mundo que se vislumbra imenso. Rapidamente, no início deste período, o adolescente começa a experimentar sua autonomia. Querendo ou não, já não é carregado pelos pais para todos os lugares; em geral, começa a ir só para a escola, sai com os amigos sem a companhia dos pais e muitos conseguem autorização para participar de excursões ou viajar, ausentando-se de casa por vários dias. Essas pequenas conquistas de autonomia fazem com que o adolescente vá realizando a experiência de liberdade e lhe serve como prova concreta de que é depositário da confiança dos pais. É importante, nesta hora de distensão dos laços protetores, que os pais lhe apresentem o mundo com objetiva positividade. Muitos pais são arrastados pelo desejo inconsciente de frear nos adolescentes esse movimento natural de saída para o mundo e lhes apresentam um mundo negativo, feio, cheio de perigos e aterrorizador. Talvez esses pais acreditem que lhes infundindo medo, na hora da decisão entre sair ou ficar, os filhos prefiram mais a segurança e a proteção da proximidade dos pais. (Luis F. Conde S.)

Creio, sem medo de me equivocar, que a formação do sentido crítico é a matéria sempre ausente, porque jamais foi levada em conta na hora de elaborar os currículos dos diferentes planos educativos. Hoje nossos jovens precisam que pais e educadores abordemos, com decisão, entusiasmo e prontidão o fomento do sentido crítico. Há 25 anos a informação nos chegava a doses assimiláveis, mas hoje chega de maneira incontrolada e incontrolável, de forma que impede a formação e o desenvolvimento do sentido crítico. Vejo com tristeza que adolescentes e jovens somente se sentem seguros calçando tênis de determinadas marcas e criam o maior caso se não têm na mesma hora a calça e a jaqueta da moda. Ninguém os educou para desenvolver defesas adequadas a fim de não serem enganados, dominados e manipulados pela publicidade, e mal o podem fazer educadores e pais sem critério, tão escravos como seus próprios filhos. (Bernabé Tierno)

Fundamento espiritual

Ninguém te despreze por seres jovem. Ao contrário, torna-te modelo para os fiéis, no modo de falar e de viver, na caridade, na fé, na castidade. Enquanto eu não chegar, aplica-te à leitura, à exortação, ao ensino. Não negligencies o carisma que está em ti e que te foi dado por profecia, quando a assembleia dos anciãos te impôs as mãos. Põe nisto toda a diligência e empenho, de tal modo que se torne manifesto a todos o teu aproveitamento. Olha por ti e pela instrução dos outros. E persevera nestas coisas. Se isto fizeres, salvar-te-ás a ti mesmo e aos que te ouvirem. (1 Tm 4, 12-16)

9. Autenticidade

> (Do lat. *authenticus,* e este do gr. αύθεντικός) 1. Qualidade, condição ou caráter de autêntico. 2. Caráter do que é genuíno, verdadeiro; lidimidade.

Extraído do *Dicionário Houaiss.*

Objetivo

Ensinar e motivar os jovens a incorporar a autenticidade como um valor que os protege de modelos inadequados, além de sentirem-se bem consigo mesmos.

Fundamentação

A busca da autenticidade, semelhante ao processo de afirmação de identidade no jovem, é um dos aspectos cruciais da juventude, como uma etapa que toda pessoa atravessa. Ser autêntico pode significar o grau de unicidade, individualidade e diferenciação que o adolescente parece buscar e consolidar diante das pressões sociais e seus grupos de referência.

A autenticidade como valor pressupõe certa diferença original em relação a tudo o que rodeia o indivíduo, isto é, uma pessoa autêntica e singular possui características e convicções muito próprias que a guiam em sua vida. É um engano pensar que se é genuíno quando se assume as posturas de outros grupos ou de outras pessoas. Quando se interioriza o pensamento dos demais sem nenhum questionamento, quando se incorporam modas que uniformizam as pessoas antes de fazê-las originais.

No entanto, não existe um tipo puro de autenticidade quando a pressão social, mediante as produções culturais e comerciais, prescreve ao indivíduo como ele deve ser, pensar, vestir, sentir, entre outras coisas. De modo que isolar-se para ser autêntico não seria uma solução. Rebelar-se contra a ordem preestabelecida tampouco é uma opção recomendável, mais ainda quando existem leis sociais para cumprir e que ajudam a convivência geral.

Como alguém pode se vangloriar de ser autêntico em um mundo que não vende singularidade, mas apenas cópias e modelos para imitar? Cabe esperar que os jovens sigam modelos inadequados de vida sob o ponto de vista moral, intelectual, espiritual, social e familiar.

O que, então, é autenticidade? Talvez isso possa ser deduzido do que não é autêntico. Não é autêntica uma pessoa que:

– imita comportamentos orientados ao mal, com o propósito de obter benefícios de qualquer tipo;

– adota pensamentos e ações que não contribuem para a sã convivência social;

– faz uso de vestuários que procuram chamar a atenção em vez de gerar uma boa apresentação pessoal;

– faz o que os outros fazem, sem submeter as intenções reais da referida postura à crítica racional;

– realiza atos degradantes para chamar a atenção;

– não é fiel aos seus próprios valores e sãs convicções (de modo geral, toda pessoa recebeu, minimamente, os ensinamentos referentes aos princípios e valores desejáveis na sociedade).

Pode-se dizer então que uma pessoa é autêntica quando está orientada para o bem, procura ser ela mesma, evitando modelos socioculturais errôneos ou formas de pensar que destroem a convivência humana. A pessoa autêntica deseja ser ela mesma e desenvolver um propósito ou projeto de vida sem a necessidade de imitar os outros.

Dessa forma, os jovens de hoje se veem expostos a decidir o que desejam ser e, em muitos casos, equivocam-se sobre o bom caminho, imitando os outros em comportamentos danosos ligados a drogas, álcool, libertinagem, rebeldia social, violência e assim por diante. Portanto, não é fácil para eles decidir. Em muitos casos pensam estar fazendo o melhor, mas as consequências de escolhas inadequadas, cedo ou tarde, começam a prejudicar a vida do adolescente.

No mais, ser autêntico não é ser a cópia fiel do outro (grupo, partido, modelo, projeto), tampouco desrespeitar o estilo de vida dos demais, mas sim assumir uma posição muito pessoal para decidir ser ele mesmo.

Ensinar a autenticidade aos jovens

– Adultos (pais, professores, líderes, encarregados e outros) que deem exemplos congruentes e autênticos de vida cumprem importante função de formação dos jovens.

– Aceitação do jovem, porém, com capacidade e autoridade para dizer-lhe quando está imitando condutas destrutivas que outros realizam.

– Trabalho constante em sua formação ética, procurando potencializar, mediante o diálogo e o debate, a importância de uma *consciência crítica* frente aos modelos tradicionais de manipulação do pensamento, como o consumismo, a moda, o sectarismo, entre outros.

– Análise de casos e vídeos referentes aos comportamentos que não fazem real diferença entre as pessoas, isto é, não contribuem em nada e não servem de exemplo de autenticidade.

– Permitir a participação criativa do jovem em atividades que ele também possa realizar com inovação. Nem sempre o que o adulto sugere é de uma certeza e verdade absolutas, já que ele não é infalível.

Benefícios da autenticidade para os jovens

– Vivência de uma vida mais plena, consciente de si mesmo, de suas necessidades, fortalezas e debilidades.

– Clareza em relação ao projeto de vida que estabelece; discernir o que lhe convém ou não.

– Vivência e prática de seus valores, princípios e convicções sadias adquiridas.
– Singularidade e particularidade no que pensa, sente e faz.
– Compreensão do engano, da desonestidade e falsidade em diversas situações cotidianas.

Alguns especialistas nos ensinam

Não ser ninguém senão tu mesmo, em um mundo que faz todo o possível por fazer-te como os demais, significa eliminar a batalha mais difícil que qualquer ser humano pode travar e nunca deixar de combater. (E. E. Cummings)

Existem, com efeito, pessoas simples, que não se propõem problemas éticos e são profundamente morais. O homem, mesmo quando não seja nenhum *gênio* moral, é sempre pessoalmente responsável por sua vida e não pode transferir esta responsabilidade para a sociedade, este é o resultado das considerações feitas sobre o assunto que tratamos. Porque, por forte que seja a pressão social, o homem pode sempre rebelar-se contra ela – junto ao fenômeno da *unanimidade* registra-se o fenômeno do *conflito* – e ainda quando não o faça, o ajustamento, a *justificação* de seus atos, tem que ser feita por ele mesmo e julgada por sua própria consciência. (José Luis Aranguren)

Do argumentado se depreende que a única maneira eficaz de propiciar a felicidade é trabalhar para melhorar a congruência mediante o exercício da autenticidade. Pois bem, nada disso se pode conseguir sem construir, previamente, uma escala de valores de condutas que se ajuste às nossas mais genuínas convicções; e para isto não nos resta outro remédio, senão assumir o risco de agir, quando considerarmos necessário, acima e além dos princípios educativos recebidos.

Verbalizando a ideia de uma linguagem mais existencial, poderíamos dizer que a autenticidade se alcança quando somos capazes de conseguir que o que fazemos esteja em sintonia com o que somos. Da coerência que isto produz, emergem as condutas que refletem o melhor e mais autêntico de nossa personalidade. Evidentemente logo deveremos encontrar a maneira de evitar que o comportamento entre em conflito com as convicções sociais, mas o importante e principal para estimular a autenticidade é sentir que fazemos o que devemos de acordo com o que somos. No plano da conduta manifesta e como referente normativo que pode facilitar o exercício da autenticidade, talvez sirva de guia a seguinte sentença de Sêneca: "Seja esta regra de nossa vida: dizer o que sentimos; sentir o que dizemos; em suma, que a palavra esteja de acordo com os atos". (Antoni Bolinches)

Fundamento espiritual

Em virtude da graça que me foi dada, recomendo a todos e a cada um: não façam de si próprios uma opinião maior do que convém, mas um conceito razoavelmente modesto, de acordo com o grau de fé que Deus lhes distribuiu. Pois, como em um só corpo temos muitos membros e cada um dos nossos membros tem diferente função, assim nós, embora sejamos muitos, formamos um só corpo em Cristo, e cada um de nós é membro um do outro. (Rm 12, 3-5)

10. Aprendizagem

> De **aprender** (Do lat. *apprehendere*). 1. Adquirir conhecimento (de), a partir de estudo; instruir. 2. Adquirir habilidade prática (em). 3. Vir a ter melhor compreensão (de algo), especialmente pela intuição, sensibilidade, vivência, exemplo.

Extraído do *Dicionário Houaiss*.

Objetivo

Motivar os jovens no valor do aprendizado contínuo, o qual lhes permitirá adquirir e fortalecer competências para a realidade atual do mundo do trabalho.

Fundamentação

A aprendizagem, mediante o ato de aprender, pode ser vista como um valor ou processo, que faz do indivíduo um ser mais apto para desempenhar-se em seu meio social. A aprendizagem traz mudanças ou modificações nas pessoas, pois as torna mais habilidosas nos campos da ação humana.

É possível que os jovens, em alguns casos, se sintam atraídos pelo conhecimento na expectativa de iniciarem uma carreira ou adquirirem um título específico e, assim, conseguirem um trabalho remunerado, que posteriormente lhes permita adquirir objetos desejados. Tudo isso é natural e bom, mas cabe esperar que a aprendizagem seja um deleite para os jovens, que lhes permitirá uma maior qualidade de vida e dignidade como pessoa, antes que uma fonte inesgotável de bens materiais.

O verdadeiro aprendizado muda a pessoa em sua essência, em seu aspecto mais humano, torna-a mais consciente das necessidades dos demais, mas também das possibilidades de projeção e criatividade pessoal e organizacional em prol de uma sociedade melhor.

O conhecimento na atualidade é fonte de poder: quem possui habilidade para produzir uma arte de boa qualidade, quem presta serviços de alto nível, quem trabalha diligentemente desenvolvendo processos com suas ideias conta com boas possibilidades de se projetar e ter determinado êxito em seu ofício ou profissão.

De maneira que a motivação para os jovens em relação aos seus processos de formação e aprendizagem deve estar encaminhada de modo a conciliar o conhecimento útil e a prática, pelos serviços prestados aos demais em razão dessas habilidades e a própria dignificação da pessoa.

Cabe esperar, assim, que o aprender seja no jovem uma atitude espontânea para ser melhor e oferecer à sociedade serviços e produtos que contribuam para mais qualidade de vida. Não se trata de cumprir etapas, programas, currículos ou temas predominantes, mas de ver no conhecimento uma fonte de progresso e superação pessoal, que posteriormente beneficiará seu entorno de modo geral.

Na realidade, os planos de estudo são guias ou sistematizações para cumprir programas, módulos ou disciplinas, mas a forma como se aborda a incorporação teórica e prática do saber é outro assunto. Daí surgem os bons profissionais, artistas ou servidores.

Mesmo assim, ainda quando o estudo como tal não garanta o êxito absoluto de uma pessoa, não se pode negar, pelo contrário, que são muitos os benefícios de se capacitar, de se formar e tornar-se útil dentro da sociedade. Isto deve ser ensinado aos jovens, muito afetados pela publicidade do fácil, imediato, impulsivo e irresponsável.

A aprendizagem é a oportunidade de se construir como pessoa que desenvolve talentos, conquista metas e ajuda as outras pessoas a partir da própria posição privilegiada que o conhecimento de qualidade lhe traz.

Ensinar a aprendizagem aos jovens

– As disciplinas, os conteúdos, os conhecimentos em geral devem ser apresentados aos jovens com caráter significativo, isto é, com interesse, aplicabilidade e produtividade para eles. Essa consciência surgiu somente em décadas mais recentes, pois a mera transmissão de conhecimentos era o objetivo dos planos de aulas tradicionais.

– Motivar e desafiar os jovens a desejar qualidade em seus processos de aprendizado. Isso pode ser obtido quando se vai um pouco mais além de prestar contas de uma tarefa ou atividade.

– Aplicar diversas estratégias de aprendizagem e ensino, que hoje em dia fazem do conhecimento um processo mais adequado a respeito do conhecimento responsável. Oferecem aos jovens alternativas para assumirem o aprendizado.

– Cada professor, líder ou formador deve ensinar e mostrar a eficácia do aprendizado na própria vida; o conhecimento como ferramenta para dignificar a vida é um dos elementos para lhe oferecer maior qualidade.

– Valorizar e comentar com os jovens suas conquistas, o que fazem com seus dons, talentos e habilidades. Muitos deles são muito bons, mas não receberam palavras de valorização sincera a respeito desses valores.

Benefícios da aprendizagem para os jovens

– Compromisso com seu próprio processo de formação pessoal e intelectual.

– Qualidade nos aspectos teóricos e práticos do conhecimento.

– Provavelmente futuros profissionais comprometidos com as instituições e organizações onde trabalharão.

– Certamente, cursos, aulas, interações pedagógicas mais significativas e agradáveis.

Alguns especialistas nos ensinam

O homem necessita para si mesmo um sentimento de realização. Todos o necessitamos. Havemos de ser reconhecidos por fazer bem alguma coisa. Alguém tem que nos avaliar, alguém tem que vir de vez em quando dar-nos um tapinha nas costas e dizer-nos: "Está bom. Gosto disso de verdade". (Leo Buscaglia)

Quando consideramos a equação como desenvolvimento que procede do próprio interior da pessoa, de sua configuração intrínseca, então estamos perante a educação do homem por si mesmo ou autoeducação. O próprio indivíduo é educador e educando ao mesmo tempo, como um processo que começa e termina no próprio sujeito. Mas esse processo educativo interior sempre supõe a heteroeducação, a ajuda que vem do exterior e torna possível um ótimo desenvolvimento das capacidades humanas. (Bernabé Tierno)

Fundamento espiritual

Quando a sabedoria penetrar em teu coração e o saber deleitar a tua alma, a reflexão velará sobre ti, amparar-te-á a razão. (Pr 2, 10)

Feliz do homem que encontrou a sabedoria, daquele que adquiriu a inteligência, porque mais vale este lucro que o da prata, e o fruto que se obtém é melhor que o fino ouro. Ela é mais preciosa que as pérolas, joia alguma a pode igualar. (Pr 3, 13-15)

11. Respeito a Deus / Espiritualidade

> De **espírito** (Do lat. *spiritus*). 1. A parte imaterial do ser humano; alma. 2. O mesmo que alma (no sentido de "parte imortal"). 3. Princípio vital, superior à matéria; sopro. 4. Substância imaterial, incorpórea, inteligente, consciente de si, na qual se situam os processos psíquicos, a vontade, os princípios morais.

Extraído do *Dicionário Houaiss*.

Objetivo

Fomentar e motivar os jovens para que desenvolvam uma vida espiritual mediante uma relação com Deus.

Fundamentação

A vida espiritual, mediante o valor e a vivência da espiritualidade, não é prioridade nas instituições, digamos assim, de tipo humanista. Privilegia-se exageradamente a prática de valores – o que não é mal em si –, mas pode reduzi-lo a um sentido muito relativo, isto é, como cada qual consegue interpretar o que é um valor para si e como deseja pô-lo em prática.

A espiritualidade significa poder ter uma relação com o Criador e essa relação transcende o próprio estilo de vida da pessoa. A relação com o Criador gera vivências de tipo moral e ético, que conduzem a pessoa pelo caminho do bem e do bom. Isso afetará todo o seu entorno e a sua forma de encarar a vida.

Sabemos que os jovens atravessam as mais diferentes dificuldades, mudanças, incertezas, desafios, inclusive tentações, perante as quais deverão decidir da melhor forma, o que mais lhes convier e que não os afete com consequências negativas, talvez irreversíveis.

O valor e a prática da espiritualidade é a possibilidade para o jovem de considerar Deus em suas atitudes, em seus planos, em suas decisões; o que significa que o jovem não opta por ir à deriva e esperar que a sorte o acompanhe para o bem e assim não cometer equívocos. A relação com Deus ajuda a sedimentar a pessoa nos valores e princípios bíblicos fundamentais para uma vida diferente, com bases espirituais, o que influi positivamente em suas decisões e, claro, no cumprimento de suas metas e desejos.

O jovem encontrará na oração, no diálogo com Deus, na leitura das Sagradas Escrituras, em sua frequência à igreja, elementos muito importantes para fortalecer a sua vida.

É conhecida a influência negativa que os jovens sofrem em razão das drogas, álcool, sexo irresponsável, tabagismo, pornografia, vida noturna, entre outras, que lhes causam problemas, por mais que se cuidem ou pensem que não sofrerão nenhum tipo de consequência.

O temor de Deus é um valor para ensinar aos jovens e mostrar-lhes que existem comportamentos que desagradam o Criador, e que o deixam em uma situação vulnerável, perante o problema do mal no mundo.

Com uma vida espiritual frutífera e constante, o jovem enriquecerá seu existir diário, valorizará sua família, seu estudo e a vida dos demais, optando pelo bem. Isso não constitui uma exortação do tipo moralista, mas uma necessidade da cultura contemporânea, dada à desorganização, aos prazeres sem controle, à vida irresponsável, ao dinheiro fácil, à rebeldia, que posteriormente trarão resultados catastróficos.

A espiritualidade é o cultivo diário de uma relação pessoal e sincera com Deus.

Ensinar a espiritualidade aos jovens

– Reincorporar a oração nos cursos ou grupos é importante. Os jovens aprendem a dirigir-se a Deus e saber que suas diversas necessidades podem ser manifestas ao Criador.
– Os retiros, convívios, acampamentos, encontros e outros eventos são ocasiões em que se pode falar com Deus e compartilhar as Sagradas Escrituras, com o objetivo de tomar decisões mais acertadas na vida.
– As aulas, as disciplinas de ética, os valores, a formação religiosa ou teológica são meios interessantes para debater os problemas cruciais da vida que afetam os jovens e que podem ser tratados à luz das Sagradas Escrituras.
– Os pais, primeiramente, inculcam nos filhos o desejo de ter uma relação com Deus, mediante o exemplo, quando rezam agradecendo pelo alimento, ou pedindo pelas necessidades do lar. Aos professores, líderes e encarregados dos jovens é delegada a iniciativa de levar Deus em conta nas atitudes e decisões da vida.

Benefícios da espiritualidade para os jovens

– Jovens com uma consciência da realidade mais "pé no chão".
– Jovens que valorizam Deus e sua importância nas decisões mais transcendentais da vida.
– Jovens que praticam a oração e a comunicação com Deus.
– Jovens que têm em conta as Sagradas Escrituras para formar seu caráter e personalidade.
– Jovens que valorizam seu lar, seus amigos, seus estudos e trabalhos, porque incorporam valores e princípios bíblicos em suas relações interpessoais.

Alguns especialistas nos ensinam

Em nosso país tem quer haver uma recuperação da esperança. Nossos jovens a necessitam para enfrentar um futuro incerto. Já sei que por ora a situação não parece muito comprometedora; mas se, como nas gerações passadas, dermos à nossa juventude o que ela necessita para fazer frente ao amanhã, então estará preparada e irá bem. Havemos de prover os jovens de confiança, valor, força moral e de um sentido de responsabilidade; e não podemos dar-lhes esses bens inestimáveis sem esperança ou conhecimento seguro de que Deus existe, de que nos ama, e de que suas promessas são verdadeiras. (Ross Campbell)

Não é exagero insistir na importância de ensinar aos nossos filhos, e sobretudo aos de vontade firme, a verdade de que havemos de prestar contas a Deus. Já que a tendência desses jovens é pôr à prova os limites e quebrar as regras, necessitarão essa norma interior que oriente a sua conduta. Nem todos a escutarão, apesar de que alguns sim. Mas, ao mesmo tempo em que fazemos isso, devemos ter o cuidado de *equilibrar* os temas do amor e da justiça ao ensinar nossos filhos a respeito de Deus. Inclinar demasiado a balança em qualquer dessas duas direções é distorcer a verdade e criar confusão em um âmbito em que a compreensão é de extrema importância. (James Dobson)

Fundamento espiritual

Como um jovem manterá pura a sua vida? Sendo fiel às vossas palavras. De todo o coração eu vos procuro; não permitais que eu me aparte de vossos mandamentos. Guardo no fundo do meu coração a vossa palavra, para não vos ofender. Sede bendito, Senhor; ensinai-me vossas leis. Meus lábios enumeram todos os decretos de vossa boca. Na observância de vossas ordens eu me alegro, muito mais do que em todas as riquezas. Sobre os vossos preceitos meditarei, e considerarei vossos caminhos. Hei de deleitar-me em vossas leis; jamais esquecerei vossas palavras. (Sl 119, 9-16)

12. Amizade

> (Do lat. *amicitas, -atis,* por *amicitia,* amizade) 1. Sentimento de grande afeição, de simpatia. 2. Grande apreço, solidariedade ou perfeito entendimento entre entidades, grupos, instituições, etc. 3. Reciprocidade de afeto. 4. Aquele que é amigo, companheiro, camarada. 5. Concordância de sentimentos ou posição a respeito de algum fato; acordo, pacto, aliança.

Extraído do *Dicionário Houaiss*.

Objetivo

Orientar os jovens na seleção positiva de suas amizades, como meio de ter relações interpessoais adequadas, fundamentadas no amor e no respeito.

Fundamentação

O homem está chamado à convivência social, a estabelecer vínculos com outras pessoas, de modo que possa ter uma vida com compromisso, bem como amadurecer na companhia de outros.

A amizade é o valor prático que nos permite a vivência gratificante e construtiva das relações interpessoais. Nesse sentido, a amizade é uma necessidade que permite ao homem preencher certos vazios que se compartilham melhor quando se tem pessoas às quais se aprecia e com quem se vivem diferentes situações e experiências.

Deste modo, o papel da amizade para os jovens é muito importante. A própria Bíblia ilustra a relação entre Davi e Jônatas, onde a amizade foi um modelo ideal entre eles, na medida em que fizeram um pacto para seu mútuo benefício, mas que esteve sustentado no amor real de irmãos (na seção "Fundamento espiritual" consta essa passagem bíblica para sua clara ilustração).

Literalmente, um amigo é *uma pessoa que ama*. Assim, o jovem aprende aspectos do amor quando desenvolve amizades que o comprometem e lhe permitem atingir metas em companhia de outros.

A amizade para o jovem pode ser fonte de confiança, intimidade, conselho, respeito ou metas a alcançar. Ter amigos supõe que a pessoa não esteja só e que conta com pessoas que podem lhe estender a mão, em um ou outro momento.

O fundamental da amizade está na escolha que os jovens fazem de seus amigos. Em outras palavras, *quais são as características que alguém deve ter para que seja considerado bom amigo? Quando podemos afirmar que uma amizade é boa ou conveniente?* Certamente não se deve descartar a indagação: *que tipos de eventos e interesses comuns unem as pessoas entre as quais se pode dizer que existe uma amizade?*

Essas colocações são básicas, pois, no que se refere a um jovem, nem todos podem ser seus amigos, nem todos lhe convêm, e isso se baseia no tipo de costumes e hábitos que outros jovens têm. Partimos do fato de que o jovem é sadio, com bons costumes e valores. Em outras situações, as afinidades se dão por comportamentos rebeldes e antissociais, em que se tecem outros tipos de "interesses" que não poderiam ser elencados no âmbito da amizade.

Assim, também, é necessário distinguir a amizade da cumplicidade para fins ilícitos, da libertinagem, do "acobertamento", da vagabundagem, da preguiça, dos comportamentos antissociais, nada disso deveria ser assumido como uma amizade real.

Sabe-se que as verdadeiras amizades constituem pontos de apoio mútuo entre as pessoas. Interesses construtivos, metas comuns, planos recreativos e divertimentos sadios, conselhos e escuta ativa, fazem parte das amizades que perduram e transcendem o tempo.

Ensinar a amizade aos jovens

– Nos centros de formação onde o jovem está realizando seus estudos ou cursos, propiciar espaços de interação, tais como: atividades recreativas, dinâmicas de grupo, atividades de trabalho em equipe no contexto do curso e baseadas no conteúdo de suas matérias. As atividades sadias, que geram bem-estar institucional, são bons meios de estabelecer relações baseadas em interesses adequados (como esportivos, lúdicos, formativos, entre outros).

– As novas tendências pedagógicas também favorecem o aprendizado do tipo colaborativo, cooperativo e significativo como meio de obter conhecimentos compartilhados entre os estudantes, pela mesma interação que propõem em torno das atividades pedagógicas.

– Cabe ressaltar que as atividades que atentam contra a moral e os valores dos jovens não têm aval para estabelecer verdadeiras amizades; muitos desses eventos desencadeiam violência, distúrbios e outros comportamentos antissociais, que às vezes os jovens pagam com consequências graves.

– Debater e ensinar aos jovens as características das boas amizades, os valores requeridos, os interesses sadios e construtivos. Essa é uma referência muito importante para os jovens. Alguns deles iniciam amizade com qualquer um, somente porque os escutam, mas podem correr o risco de eventual má influência pessoal.

Benefícios da amizade para os jovens

– Relações interpessoais afetuosas, valorizadas.
– Poucas dificuldades com a solidão que alguns se impõem por não desejarem vincular-se com outras pessoas.
– Possibilidade de amadurecerem na companhia dos outros.
– Divertimento, recreação, lazer construtivo com quem compartilham preferências comuns.

– Conhecimento dos desejos, das conquistas e das necessidades dos demais.

Alguns especialistas nos ensinam

A amizade por excelência é, pois, as dos homens de bem, como dissemos repetidas vezes, porque o que é absolutamente bom ou agradável parece ser amável e desejável, e para cada um será o que é para ele bom e agradável; assim, o homem bom é amável e desejável para o homem bom por ambas as razões. (Aristóteles)

O homem deve ver na amizade uma fonte de aperfeiçoamento. Do amigo verdadeiro vêm as correções acertadas e generosas. No amigo depositamos todos os nossos cuidados e preocupações. No amigo descansamos. Pelo amigo sincero estamos dispostos a dar tudo, porque sabemos que nos vai retribuir abundantemente tudo o que lhe oferecemos com carinho. Na amizade se encontra o equilíbrio afetivo que todos precisamos para julgar com objetividade os acontecimentos e enfrentar com sensatez e tenacidade os empreendimentos da vida. (Manuel Díaz Álvarez)

A amizade surge, sobretudo, onde há comunidade de interesses e objetivos, afinidades ideológicas e psicológicas, tudo reunido com o afeto mútuo das pessoas que se aceitam incondicionalmente. Frequentemente se inicia como um sentimento de simpatia que surge de forma espontânea; mas, como todo sentimento, do mesmo modo que vem pode ir embora. Daí que seja necessário cultivar esses nobres sentimentos mediante o serviço aos valores do amigo, buscando seu bem e desfrutando com ele. Onde buscar amigos? No lugar onde se encontra comunhão de sentimentos, ideias, aspirações. Mais que nas discotecas, procurá-los nos grupos de trabalho, na sua classe e outros lugares semelhantes. Tenho certeza de que é possível encontrar jovens que gostem de esporte, ouvir música, fazer teatro, falar de temas humanos e oferecer uma amizade sadia que prescinda da droga, da bebida e da confusão sexual indiferenciada. Será seu amigo quem respeitar seus valores e sentimentos, mesmo que às vezes não coincidam com os deles. Não é necessário que pense exatamente igual a você, que sinta ou viva como você. Duas pessoas muito de acordo acabariam arruinando sua amizade por aborrecimento, porque logo já teriam dito tudo. (Bernabé Tierno)

Fundamento espiritual

Tendo Davi acabado de falar com Saul, a alma de Jônatas apegou-se à alma de Davi, e Jônatas começou a amá-lo como a si mesmo. Naquele mesmo dia Saul o reteve em sua casa e não o deixou voltar para a casa de seu pai. Jônatas fez um pacto com Davi, que ele amava como a si mesmo. Tirou o seu manto, deu-o a Davi, bem como a sua armadura, sua espada, seu arco e seu cinto. (1 Sm 18,1-4)

CAPÍTULO III

Valores para adultos

Os valores são as qualidades ideais e práticas para toda a vida. Não são ensinamento exclusivo para a infância e a juventude. O adulto requer, em algumas fases de sua vida, uma nova dimensão da prática e vivência dos valores.

Os adultos concentram suas forças para que as crianças e os jovens os pratiquem. Mas o que geralmente se espera dos adultos, como modelo a ser imitado para atitude valorativa perante a vida, é o seu exemplo congruente e firme.

Não são menores os esforços que fazem os adultos para que as crianças e os jovens estejam fundamentados neles; a prática didática e pedagógica dos valores encaminha sua ênfase em direção a eles. São os pequenos o público-alvo do ensino-aprendizagem dos valores.

No entanto, o adulto, como sujeito de maior responsabilidade e impacto em seu entorno, representa a urgência de modelos não perfeitos, mas sim coerentes e aceitáveis na prática cotidiana dos valores. Do contrário, pareceria que as conquistas, a autonomia, as responsabilidades e as capacidades de uma pessoa adulta lhes deram certa liberdade para deixar de lado uma vida com valores, abandonando-se a toda espécie de comportamentos inadequados.

Os valores não têm idade por assim dizer, embora existam certas variações no tempo, especialmente no âmbito dos valores materiais. Por exemplo, hoje desdenhamos de um aparato tecnológico em busca de outro mais moderno e sofisticado; mas a honradez, na essência, nunca muda: a pessoa é honrada ou não é. Isso se sustenta com o passar do tempo. O que acontece a um empregado que é surpreendido fraudando sua empresa? Provavelmente deverá assumir algumas consequências, se essa empresa contar com políticas, valores corporativos, além de missão e visão claras a respeito do que deseja ser a cada dia.

Dessa forma, o capítulo "Valores para adultos" retoma doze valores que mantêm o adulto em uma perspectiva sadia da vida, das relações interpessoais e dos afazeres diários do indivíduo.

Ainda que sua escolha tenha sido feita livremente, são valores que atingem muito de perto a vida diária da pessoa e lhe apresentam escolhas morais a todo momento. Assim também, esses valores trazem grandes benefícios quando se alcança sua prática cotidiana e no convívio com os outros.

1. Fidelidade

> (Do lat. *fidelitas, -atis*). 1. Característica, atributo do que é fiel, do que demonstra zelo, respeito quase venerável por alguém ou algo; lealdade. 2. Observância da fé jurada ou devida. 3. Constância nos compromissos assumidos com outrem. 4. Compromisso que pressupõe dedicação amorosa à pessoa com quem se estabeleceu um vínculo afetivo de alguma natureza.

Extraído do *Dicionário Houaiss*.

Objetivo

Revalorizar a dimensão da fidelidade como um compromisso sério nos diferentes âmbitos da vida e nas relações que as pessoas estabelecem entre si.

Fundamentação

Vive-se uma época bastante interessante, devido aos inúmeros avanços tecnológicos que se sucedem rapidamente no mundo atual. Nenhum período da história assistiu desenvolvimento tão surpreendente em tão curto espaço de tempo como atualmente. Em paralelo, no âmbito humano, o que se refere às relações interpessoais e sociais adequadas está muito longe de tal desenvolvimento tecnológico.

A fidelidade é um dos valores tão essenciais para a vida comunitária e fraterna que se torna imperiosa a sua retomada. Geralmente alguns conceitos são mais bem captados considerando *o que não são*, como nos exemplos abaixo:

– Não se é fiel quando se fala mal da mesma instituição onde se trabalha e dela depende economicamente.

– Não se é fiel quando se oculta ao cônjuge outra relação, que posteriormente destruirá uma família, deixando pessoas feridas.

– Não se é fiel quando se muda constantemente de opinião sem nunca concretizar nobres ideais ou boas ideias.
– Não se é fiel quando se engana os outros nos negócios.
– Não se é fiel quando se pede ajuda a Deus, mas paralelamente faz coisas indevidas, incongruentes.

Esses são exemplos muito conhecidos e simples do que não é a fidelidade. Pois bem, a *fidelidade* é todo comportamento que respeita, guarda, cuida da integridade própria e dos demais, de modo geral. A fidelidade é a faculdade ativa de não trair a fé, esperança, confiança que outros depositam em uma pessoa, nas diversas relações contratuais estabelecidas.

Vários são os eixos fundamentais que ajudam a sustentar a fidelidade e lealdade para com os outros.

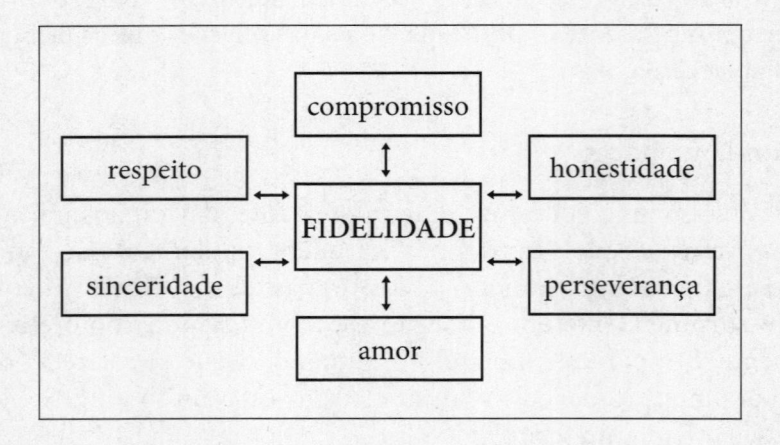

```
                    compromisso
                        ↕
    respeito  ↔    FIDELIDADE    ↔   honestidade
    sinceridade ↔                ↔   perseverança
                        ↕
                       amor
```

O *compromisso* mantém os laços que sustentam a fidelidade, como dizendo: "Comprometo-me a...". As pessoas comprometidas sabem que têm certas responsabilidades, em decorrência de relações entabuladas nos diferentes segmentos de sua vida.

O *respeito* valoriza o outro, reconhece sua dignidade e sua importância como pessoa. A fidelidade é uma grande modalidade de respeito profundo.

A *sinceridade* mantém a verdade do que foi contratado,

combinado, aquilo que se vive como experiência interpessoal dos demais.

O *amor* é motivo inspirador para desejar o bem do outro, nesse caso focando a fidelidade que é o sentimento de sua demonstração. As verdadeiras provas de amor se demonstram (o caso universal é o de Cristo, que *morreu por amor* à humanidade caída).

A *perseverança* oferece à fidelidade seu caráter permanente para cumprir os diversos acordos, sejam eles conjugais, familiares, profissionais, educativos, espirituais, etc.

A *honestidade* procura a transparência da fidelidade; onde um pode contar com o outro e vice-versa, onde se fecha a porta para qualquer modalidade de engano.

> A fidelidade é a confiança estabelecida como norma. (José Ortega y Gasset)

Ensinar a fidelidade aos adultos

– Sob o ponto de vista institucional, deve-se tratar este tema, que pode evitar muitas dificuldades às entidades e tornar o ambiente de trabalho mais respeitoso e dignificante.

– Como adultos, considera-se a fidelidade como um grau de maturidade e estabilidade emocional adquiridos com o passar dos anos.

– Compreender as implicações graves que a infidelidade – só para mencionar como exemplo, a conjugal – levou a muitos lares que se destruíram e se desintegraram, por falta de respeito de um cônjuge ao outro.

– A fidelidade é questão de saúde física e emocional quando se é íntegro e se conserva o compromisso adquirido, qualquer que seja. Por exemplo, para alguns a infidelidade acompanhada da promiscuidade serviu de ponte para adquirir doenças como a aids, entre outras.

– A fidelidade e lealdade a causas nobres – não causas violentas ou aparentemente revolucionárias – permitiram o progresso e a glória de muitos que se esforçaram por se manterem firmes no que decidiram.

– Assimilar os benefícios da fidelidade: certa estabilidade emocional, unidade, transparência, filhos respeitosos e orgulhosos de seus pais.

– Reconhecer o exemplo dado dia a dia pelo Criador que demonstra sua fidelidade, perdoando e guardando a vida da humanidade até o presente.

Benefícios da fidelidade para os adultos

– Crescimento e maturidade como pessoa que se autovaloriza e cuida de si mesma.
– Lares onde se vive o respeito, a paz, a confiança entre seus integrantes.
– Relações profissionais produtivas, confiança delegada.
– Firmeza no que se decide fazer e conquistar.
– Capacidade de assumir maiores responsabilidades.

Alguns especialistas nos ensinam

Falar em amizade é falar de entendimento cabal, confiança rápida e longa memória, isto é, fidelidade. (Gabriela Mistral)

Relato de um pensamento

A palavra fidelidade é um vocábulo que tem uma definição, mas com diferentes usos em nossa língua. Abarca muitos aspectos e gêneros, tanto políticos, sociais, psicológicos, amorosos e certamente algum outro que neste momento escapa à minha memória.

Em um dicionário escolhido ao azar, procurei fidelidade e me encontrei com a seguinte frase: lealdade, observância da fé devida a outro. Nesse mesmo instante uma sequência passou pela minha mente, como um raio. Comecei a julgar a minha vida de acordo com a fidelidade e descobri que é parte de nosso ser, nela se baseiam a nossa sociabilidade, os nossos ideais, as nossas amizades, nela recaem todas as nossas atitudes. Qualquer pessoa alheia ao nosso ser e comportamento, sem um amplo conhecimento do nosso caráter, pode fazer para si uma imagem de nós, bastando saber se em nossa vida temos respeitado os códigos da fidelidade, se temos sido firmes no tocante aos nossos ideais, amigos, companheiros e às nossas ações. Em seguida irrompeu em meu ser uma observação que não deveria ser evitada. Algo em mim dizia que a fidelidade em extremo poderia converter-se no fanatismo e decidi dar-lhe razão quando, no meio da minha memória, vi passar uma recordação de um general do exército de Hitler que dizia que não discutia com o *führer* por fidelidade ao mesmo. Comecei a formular uma análise e dizer a mim mesmo que não queria ser um obstinado, fechado a novas ideias, mas uma pessoa que não trairia aos que tivessem depositado confiança nela.

Automaticamente acreditei que tudo o que aconteceu devia marcar a minha vida e que era um aprendizado muito valioso o que havia recebido e elaborado pelos meus próprios meios. Cheguei a me sentir orgulhoso e comecei a descrevê-lo nestas humildes linhas. Não o fiz para deixar um legado ou um auxílio à humanidade em busca de desesperadas respostas, mas para recordar que tenho que ser fiel, fiel a mim mesmo. (Facundo Agosti)

Para falar de fidelidade, deve-se compreender os significados da fé, da confiança, da sinceridade, do respeito, da amizade e do amor recíproco e verdadeiro. Essas palavras tão belas e importantes, como a própria fidelidade, são as que a acompanham e a complementam em todo momento.

Elas, com tudo o que significam, permitem garantir toda

relação, inspirando segurança e tranquilidade mútua, fazendo crescer o amor sobre todas as coisas.

Ser fiel é saber respeitar o outro e dar-lhe a segurança necessária para se desenvolver e crescer livremente, é ter confiança e crer cegamente, é não sentir temores e inseguranças diante dos acontecimentos cotidianos que se podem apresentar, é ser sincero e falar a verdade, é amar e sentir-se amado, buscar a alegria e felicidade do outro, e em nossas vidas, é ter um coração disposto e saber escutar, compreender, aceitar e não falhar em nenhum momento.

Ser fiel é crer com a alma e não falhar nessa crença, é ter sempre em nosso coração a pessoa ou as pessoas que queremos. (Fernanda Maricel Miyasaki)

Fundamento espiritual

Acaso não é um mesmo o Pai de todos nós? Não foi um mesmo Deus que nos criou? Por que razão somos pérfidos uns para com os outros, violando assim o pacto de nossos pais? (Ml 2, 10)

Eis ainda outra maldade que cometeis: inundais de lágrimas, prantos e gemidos o altar do Senhor, porque o Senhor não dá atenção alguma a vossas ofertas e não se compraz no que lhe apresentais com vossas mãos. E dizeis: Mas por quê?! É porque o Senhor foi testemunha entre ti e a esposa de tua juventude. Foste-lhe infiel, sendo ela a tua companheira e a esposa de tua aliança. Porventura não fez ele um só ser com carne e sopro de vida? E para que pende este ser único, senão para uma posteridade concedida por Deus? Tende, pois, cuidado de vós mesmos, e que ninguém seja infiel à esposa de sua juventude. Quando alguém, por aversão, repudia (a mulher) – diz o Senhor, Deus de Israel –, cobre de injustiça as suas vestes – diz o Senhor dos exércitos. Tende, pois, cuidado de vós mesmos e não sejais infiéis! (Ml 2, 13-16)

2. Responsabilidade

> (Do lat. *respondere*). 1. Obrigação de responder pelas ações próprias ou dos outros. 2. Encargo, obrigação, tarefa que cabe a alguém. 3. Caráter ou estado do que é responsável.

Extraído do *Dicionário Houaiss*.

Objetivo

Reafirmar nos pais o valor fundamental da responsabilidade como um meio de criar compromisso e segurança para seus filhos e familiares.

Fundamentação

Este valor é muito ligado à maturidade da pessoa. Toda vez que a sociedade, em muitas ocasiões, não privilegia o comportamento responsável como totalmente desejável, está propondo a responsabilidade de maneira relativa. Por exemplo, cumprir obrigações materiais do lar, mas ser irresponsável moralmente e, de vez em quando, para sair da rotina, cometer uma infidelidade conjugal. Esse é apenas um paradigma dentre tantos que poderiam ser oferecidos.

A responsabilidade é uma atitude, uma ação constante, que zela pela conservação e cumprimento dos direitos, obrigações, considerações para com as pessoas e relações diversas adquiridas na sociedade. De modo que a responsabilidade como valor indica que a pessoa é plenamente consciente da sua área de influência e relações contratuais acordadas, e isso significa que deve estar atenta ao bem-estar dos outros. O valor é interpretado basicamente sob dois enfoques ou perspectivas:

– A *responsabilidade* como consequência dos próprios atos, como dever.

– Ser *responsável*, no sentido de manter uma obrigação "voluntária", estar disponível.

É deste valor, apoiado em outros importantes como a lealdade e a perseverança, que é fundamental o seu resgate, bem como sua reafirmação, na medida em que muitos dos problemas conjugais, familiares e sociais em geral decorrem de uma atitude irresponsável e pouco esforçada perante a vida. Caberia perguntar-se aqui se atos como maus-tratos infantis de todo tipo, infidelidade, roubo, abuso de drogas, prostituição, violência e outras más ações não constituem atos irresponsáveis contra os quais as diversas instituições lutam dia a dia.

A responsabilidade também pressupõe um grau sério de compromisso com pessoas ou instituições com as quais se estabelecem relações interpessoais e sociais diversas. Compromisso que requer lealdade, sinceridade e cumprimento, para que as relações e processos fluam em bons termos.

Este valor deveria, além disso, ser indicativo do crescimento pessoal, da maturidade, o que revelaria que uma pessoa conta com prioridades determinadas em seu lar, em sua vida, que lhe permitem cumprir satisfatoriamente os pactos e acordos estabelecidos em seu cotidiano.

A responsabilidade está muito vinculada à dignidade que se outorga aos demais e que se reconhece nas outras pessoas, pois quem não valoriza seus semelhantes e instituições não respeita (ou pouco se importa com) o seu bem-estar.

Quanto requer a sociedade atual da responsabilidade, primordialmente dos pais, para obter uma família mais unida e sólida, e não tão caótica como a que se revela nos meios de comunicação e na própria realidade.

> Ver os acontecimentos de certa forma é indiretamente contribuir para provocá-los de certa forma. (François Garagnon)

Ensinar a responsabilidade aos adultos

– Os valores nos adultos geralmente são constituídos e reafirmados mediante a difusão feita nos diversos segmentos sociais, organizações onde interagem ou desempenham trabalhos específicos.

– Devem ser mantidas nas instituições capacitações acerca da influência da responsabilidade nas seguintes áreas: familiar, profissional, pessoal, comunitária, social e espiritual, entre outras.

– A disciplina e a responsabilidade que não se adquiriu na juventude não são valores facilmente desenvolvidos na vida adulta, por consistência e resistência de costumes inadequados e desorganizados. No entanto, a determinação por melhorar a implementação de comportamentos, que pouco a pouco se podem incorporar na vida cotidiana, ajudarão muito a pessoa a ser responsável pelo que está fazendo, por simples que seja. Um exemplo de responsabilidade pessoal é cuidar da saúde, evitando paulatinamente alimentos que causem dano ao organismo.

– A responsabilidade moral diante de Deus e o compromisso adquirido por um grupo ou família são importantes para um desenvolvimento como pessoas sadias e maduras. Isso é motivado pelo desejo de mudança que surge da consciência dos erros cometidos no passado, inclusive no presente, em razão do papel que se vier desempenhando.

– Considerando a posição de poder que se ocupa, ensinar aos adultos que todo ato tem uma consequência que repercutirá para o bem ou para o mal, presente ou futuro, do qual nenhum ser humano está isento. Milhares de filhos abandonados nas ruas evidenciam a irresponsabilidade de pessoas que nunca desejaram mudar de vida.

– As instituições não devem ser negligentes em relação às jornadas de sensibilização em prol da qualidade de vida de seus empregados. Nessas oficinas de formação e metodologias diversas utilizadas, os valores devem ser o eixo central, não dando ênfase exclusiva a valores corporativos, mas aos valores da vida de modo geral.

Benefícios da responsabilidade para os adultos

– A possibilidade de *recompor* a vida a partir de erros cometidos no dia a dia e que evidenciam irresponsabilidade em certos comportamentos, como: agressão, maus-tratos, abandono, indiferença, etc.
– Capacidade de oferecer *felicidade e proteção* aos que nos cercam na família, no lar, atendendo às necessidades básicas e desfrutando do lado bom da vida.
– Construção de um ambiente de trabalho e social de maior confiança, porque a pessoa *cumpre* o papel dela esperado, em benefício do bem-estar social.
– Relação mais harmônica e agradável com Deus, uma vez que a responsabilidade moral está de acordo com os desígnios divinos de justiça, perdão, equidade, entre outros.
– Vivência do respeito e tolerância, valores estreitamente ligados e implicados com os mesmos atos responsáveis da vida.

Alguns especialistas nos ensinam

> Em última instância, a única qualidade que têm todas as pessoas de êxito é a [...] habilidade para assumir sua responsabilidade. (Michael Korda)

> A liberdade supõe responsabilidade. Por isso a maior parte dos homens a teme tanto. (George Bernard Shaw)

Depende de quem são as mãos

Um lápis em minhas mãos serve para escrever meu nome. Nas mãos de Shakespeare, para criar histórias. Depende de quem são as mãos.

Uma vara em minhas mãos pode afugentar uma fera selvagem. Nas mãos de Moisés, fará que as águas do mar se separem. Depende de quem são as mãos.

Um estilingue em minhas mãos é somente um brinquedo. Nas mãos de Davi, é uma arma potente. Depende de quem são as mãos.

Dois peixes e cinco pães em minhas mãos são uns sanduíches. Nas mãos de Jesus, alimentam uma multidão. Depende de quem são as mãos.

Uns pregos em minhas mãos serão suficientes para construir uma cadeira. Nas mãos de Jesus, trazem a salvação para o mundo inteiro. Depende de quem são as mãos.

Como você pode ver, depende de quem são as mãos. Assim, coloque suas aflições, suas preocupações, seus temores, seus desejos, seus sonhos, sua família e suas relações pessoais nas mãos de Deus. Lembre-se de que depende de quem são as mãos. (Rhina Isabel Hernández C.)

Fundamento espiritual

Cada qual seja submisso às autoridades constituídas, porque não há autoridade que não venha de Deus; as que existem foram instituídas por Deus. Assim, aquele que resiste à autoridade, opõe-se à ordem estabelecida por Deus; e os que a ela se opõem, atraem sobre si a condenação. Em verdade, as autoridades inspiram temor, não porém a quem pratica o bem, e sim a quem faz o mal! Queres não ter o que temer a autoridade? Faze o bem e terás o seu louvor. Porque ela é instrumento de Deus para teu bem. Mas, se fizeres o mal, teme, porque não é sem razão que leva a espada: é ministro de Deus, para fazer justiça e para exercer a ira contra aquele que pratica o mal. Portanto, é necessário submeter-se, não somente por temor do castigo, mas também por dever de consciência. É também por essa razão que pagais os impostos, pois os magistrados são ministros de Deus, quando exercem pontualmente esse ofício. Pagai a cada um o que lhe compete: o imposto, a quem deveis o imposto; o tributo, a quem deveis o tributo; o temor e o respeito, a quem deveis o temor e o respeito. A ninguém fiqueis devendo coisa alguma, a não ser o amor recíproco; porque aquele que ama o seu próximo cumpriu toda a lei. (Rm 13, 1-8)

3. Motivação

> De **motivo** (Do lat. tardio *motivus*, relativo ao movimento) 1. Razão de ser, a causa de qualquer coisa. 2. Explicação para ações de alguém; intenção, intuito. 3. O que leva alguém a mudar de atitude; escopo, motivação.

Extraído do *Dicionário Houaiss*.

Objetivo

Consolidar nos adultos, professores e líderes em geral o valor da motivação para alcançar metas e propostas em todos os níveis.

Fundamentação

Não se poderia afirmar até que ponto a motivação é um valor, mas pode-se dizer que é *valorizada* como processo nos diferentes âmbitos onde uma ideia, um projeto ou uma meta sejam estabelecidos. Existem diversas teorias da motivação que procuram explicar esse interessante e importante processo, além de ser necessário na vida cotidiana de todo trabalho. Algumas teorias se baseiam nas necessidades que as pessoas têm ou criam; outra teoria se foca em motivos sociais, como conquistas, poder e filiação. Existe a teoria centrada nas expectativas, como aquelas baseadas nas metas e no reforço das condutas.

No entanto, o eixo comum dessas teorias da motivação é a relação que se pode apresentar entre ação, impulso, satisfação e necessidade, componentes da motivação que a revelam como um processo nada fácil de explicar, mas sem dúvida prático e benéfico em todos os processos humanos.

Não obstante, para este nosso trabalho, podemos definir a motivação *como aquela capacidade autônoma de uma pessoa para se manter em ação construtiva, em busca dos objetivos ou metas a que se propuser em sua vida.* Tais metas ou motivos podem ser de diversas índoles.

Pode-se deduzir que:

– A pessoa conta com sua vontade para se manter em ação produtiva em seu cotidiano.

– A autonomia faz com que alguém tenha a convicção necessária para ir atrás de um objetivo.

– As convicções adequadas, firmes, geram ou motivam ações nas pessoas.

– Como consequência, realizam-se ações construtivas tendo em vista a aquisição de uma meta.

Ainda que tudo isso possa soar óbvio e fácil, por outro lado, pode converter-se em ponto de complicação. A verdade é que o *desalento*, o *desânimo*, a *desesperança*, o *abandono* e outros sentimentos negativos são características de muitas pessoas. Quando se apresenta um obstáculo, crise vital ou impossibilidade, elas perdem sua motivação inicial, no caso de a terem alcançado. A motivação é um motor para a ação otimista, construtiva, que mantém o indivíduo incorporando recursos e estratégias para avançar no caminho da vida.

A necessidade da motivação no tempo atual não reside exclusivamente em poder conquistar metas significativas, mas *em saber como viver acima das circunstâncias no meio de um mundo que não oferece segurança e garantias a ninguém, dadas as crises mundiais, que na realidade parece que se agravam todos os dias de uma maneira irreversível*. Por exemplo, a guerra está ativa desde as origens da humanidade.

Não é minha intenção semear aqui negativismo ou pessimismo, mas evidenciar a importância de manter o alento, a firmeza, a perseverança, a boa atitude, a esperança, como motivação geral para seguir adiante.

A motivação, então, é vital para os adultos que têm responsabilidades significativas em:

- seus lares: suprindo as necessidades integrais, como estudo, moradia, alimentação, saúde, recreação e outras;
- seus trabalhos: executando seu trabalho e as diversas expectativas correspondentes;
- seu crescimento pessoal: para educar os filhos com valores e princípios morais. Certamente oferecendo-se como modelos adequados para eles;
- sua vida espiritual: para assim contar com Deus que tem o poder para restaurar e sustentar a família;
- suas relações interpessoais: os vínculos construtivos que se estabelecem com a família e os amigos em geral.

Ensinar a motivação aos adultos

- Mediante os processos de capacitação dos quais os pais e adultos participam, como reuniões e encontros. Mostrar que as metas estabelecidas na vida, quando são fortes e consistentes, são fonte de motivação (e, portanto, motivação constante).
- Dizer-lhes que a vida adquire sentido pelas metas e objetivos, que serão fonte de grande satisfação e benefício para os demais, uma vez conquistados.
- Mostrar-lhes que a vontade (autonomia) conduz ao caminho da meta que se pretende conquistar. Isso é a responsabilidade própria de cada indivíduo.
- A melhor motivação é aquela pela qual a pessoa toma a iniciativa por si mesma. O que é um ponto de partida importante para triunfar na vida.
- Enfrentar as crises vitais e impedimentos como trampolins para continuar, e não como estagnação definitiva.
- Os diversos programas de tipo institucional devem buscar a vinculação dos adultos, na medida em que são fonte gratificante de serviço e impacto à comunidade.
- Estar ciente de que as grandes conquistas e aquisições so-

freram obstáculos; por esse motivo, ninguém que se proponha a conquistar algo será a exceção.

> Apenas o envolvimento pessoal provoca a motivação.
> (François Garagnon)

Benefícios da motivação para os adultos

– Capacidade para ver a realidade de uma forma otimista.
– Faculdade, aliada à vontade e à disciplina, para executar os projetos até o fim.
– Boa energia, ânimo e disposição para conhecer as coisas.
– Fé no que foi proposto, confiança para atingir os objetivos.
– Tolerância com a frustração quando se apresentam obstáculos e estagnação.
– Capacidade para manter-se em ação constante.

Alguns especialistas nos ensinam

Uma pessoa motivada para realizar algo se assemelha ao homem que deve atravessar um caudaloso e torrencial rio, mas que antes se atou a uma corda pelo outro lado, para agarrar-se a ela e não se deixar arrastar pela correnteza. Assim como o homem deste exemplo chegará ao outro lado, com toda certeza, qualquer pessoa com metas claras e objetivos definidos conseguirá triunfar na vida. (Melython Kyroz)

Uma das questões que me colocam com muita frequência nas entrevistas é que explique o que é e o que não é a motivação. Geralmente me perguntam: "Senhor Ziglar, há pessoas que dizem que quando assistem a uma sessão de motivação se enchem de entusiasmo, mas uma semana depois estão outra vez onde estavam antes de ir à sessão. Em outras palavras, a motivação não é permanente. Como o senhor responde?".

Minha resposta é: "É claro que a motivação não é permanente. Mas tampouco o é o banho, mesmo que seja uma coisa que se deve praticar com regularidade". A atividade de comer tampouco é permanente, mas é coisa que em geral se faz todo dia. Pensar que alguém pode assistir a uma sessão de motivação, ler um livro, ouvir um orador e obter um benefício permanente, para o resto da vida, é naturalmente absurdo. Não se pode sacar valor acima do que foi depositado no banco da atitude mental correta durante toda a vida e, depois, liquidar a conta com um único depósito. O que faz a motivação é estimular você para a ação, dar-lhe um ponto de vista mais otimista sobre a vida, levantar suas expectativas e esperanças de alcançar suas metas e estimulá-lo a atingi-las. (Zig Ziglar)

Fundamento espiritual

Não nos cansemos de fazer o bem, porque a seu tempo colheremos, se não relaxarmos. (Gl 6, 9)

4. Fraternidade

> (Do lat. *fraternitas, -atis*) 1. Laço de parentesco entre irmãos; irmandade. 2. União, afeto de irmão para irmão. 3. Amor ao próximo; fraternização.

Extraído do *Dicionário Houaiss*.

Objetivo

Fundamentar a sensibilidade que as relações fraternas permitem entre as pessoas, as famílias e os amigos.

Fundamentação

Os laços de irmandade entre as pessoas não constituem um formalismo que os homens devem cumprir. Na verdade, somente as relações fraternas podem permitir que interesses, objetivos, valores, convivência em geral possam ser uma realidade entre os homens. A fraternidade descarta o ódio, a rejeição e o desprezo entre pessoas de qualquer condição e sob qualquer circunstância. De fato, uma das manifestações da imperfeição do caráter do homem surge na inimizade que estabelece com alguns de seus semelhantes, além de organizações, instituições e outros grupos sociais diversos, que sugerem *oposição, confronto e intolerância*.

A fraternidade se entende como o amor ao próximo ou a capacidade de expressar e pôr em prática a piedade com aqueles com quem se convive. Implica relações amáveis, pelas quais se deseja o bem dos demais, preocupa-se com o bem-estar geral do outro. A fraternidade tem, no entanto, um sabor agradável de contar com a companhia de outras pessoas, de poder compartilhar interesses comuns, ou ser testemunhos de processos de vida, que cada um assume em sua existência cotidiana.

A irmandade propriamente dita pressupõe uma renúncia ao egoísmo, tão em moda nas diferentes épocas, onde as pessoas buscam seus próprios interesses e satisfações sem pensar nas consequências sobre os que estão ao seu redor. Por isso não é raro que sejam os mais íntimos os alvos de maus-tratos e desamor. A humanidade da outra pessoa é tão importante como a nossa, mas existem convicções mentais bem distorcidas em muitas pessoas que as tornam seletivas frente ao próximo.

É certo que não podemos andar com todo tipo de pessoas, como as que nos poderiam causar danos e prejuízos. Na essência, a fraternidade para com os demais é sim de caráter universal e não faz acepção de pessoas.

O adulto em suas diferentes relações (com a família, no trabalho, no clube, na igreja) precisa pôr em prática a fraternidade, a qual será um meio de *harmonia* e satisfação ao *compartilhar* a vida com os outros.

Mesmo assim, é possível que algumas pessoas não tenham crescido sob esses parâmetros de fraternidade, especialmente se em seus lares sentiram o abandono, a agressão e a violência, totalmente contrários ao amor fraterno. Tudo isso repercute na indiferença experimentada por essas pessoas em suas atuais relações interpessoais.

Nessas circunstâncias, a prática da fraternidade trará muitos benefícios, mediante o *diálogo,* que permite escutar interessada e sinceramente a outra pessoa; mediante a *proximidade,* que impõe a tentativa do contato; mediante a *valorização* sincera do próximo, vendo-o como um projeto de vida com possibilidade de ser realizado; mediante a *decisão de amar* o gênero humano como tal, pois todos têm os mesmos direitos de uma qualidade de vida e realização pessoal.

De modo que uma vida fraterna é uma vida de convivência sadia, em que os adultos se respeitam, valorizam-se e estabelecem vínculos que os tornam melhores amigos, esposos, trabalhadores... melhores pessoas em geral.

Ensinar a fraternidade aos adultos

– Sob o ponto de vista institucional, é um dever de cada líder ou dirigente da alta administração, inclusive os gestores, dar exemplos aos demais companheiros de relações fraternas. O bom relacionamento é desejável em qualquer circunstância. Uma pessoa *normal* precisa que a tratem bem e gosta disso.

– Todos os cursos de capacitação e reciclagem oferecidos aos funcionários e colaboradores de uma organização, no âmbito da convivência e das relações interpessoais, nunca são demais, pois os problemas entre as pessoas estão diretamente relacionados com seu caráter, sua percepção e vivência dos valores de forma diferente.

– Cada cônjuge deve tomar a iniciativa de propiciar relações fraternas com o outro; tal iniciativa gera motivação para criar um clima afetivo melhor dentro ou fora do lar onde convivem.

– Os filhos com sua espontaneidade, seu calor humano, sua criatividade são fonte de fraternidade que os pais devem respeitar, aceitar e potencializar.

Amarás o teu próximo como a ti mesmo. (Lv 19, 18)

Benefícios da fraternidade para os adultos

– Relações de maior cordialidade, amabilidade e cortesia entre as pessoas.

– Capacidade para o bom relacionamento com os filhos.

– Líderes docentes, facilitadores que transmitem amor e piedade aos seus estudantes ou funcionários.

– Adultos com maior domínio de seu caráter, pelo simples fato de valorizar e respeitar os demais.

– Convivência mais adequada em todas as situações que exigem, por exemplo, tolerância, respeito, solidariedade e outras virtudes.

– Cumprimento do mandato divino de amar o próximo da mesma forma que a pessoa tem cuidado e consideração consigo mesma.

Alguns especialistas nos ensinam

Se você me classifica ou me rotula, me nega. (Soren Kierkegaard)

Um indivíduo não pode viver sem vínculos. Necessita de vínculos exclusivos, vínculos parciais e vínculos temporais. (François Garagnon)

Fundamento espiritual

Não pagueis a ninguém o mal com o mal. Aplicai-vos a fazer o bem diante de todos os homens. Se for possível, quanto depender de vós, vivei em paz com todos os homens. Não vos vingueis uns aos outros, caríssimos, mas deixai agir a ira de Deus, porque está escrito: A mim a vingança; a mim exercer a justiça, diz o Senhor (Dt 32, 35). Se o teu inimigo tiver fome, dá-lhe de comer; se tiver sede, dá-lhe de beber. Procedendo assim, amontoarás carvões em brasa sobre a sua cabeça (Pr 25, 21s). Não te deixes vencer pelo mal, mas triunfa do mal com o bem. (Rm 12, 17-21)

5. Renovação

> (Do lat. *renovatio, -onis*). Ato ou efeito de renovar; renovamento.

Extraído do *Dicionário Houaiss*.

Objetivo

Motivar os adultos para a mudança constante em seu caráter e personalidade, como meio de viver uma maior qualidade de vida pessoal e interpessoal.

Fundamentação

Um dos aspectos e facetas mais importantes na vida de qualquer pessoa que considere estar em busca do progresso integral é sua consciência e decisão de mudança. Isto se baseia no fato de que ninguém é perfeito e a pessoa se caracteriza por uma grande quantidade de qualidades, como dons, talentos, habilidades, capacidades, mas também conta com um bom número de defeitos e debilidades que não a tornam uma pessoa melhor e evidenciam sua necessidade de mudança.

Hoje em dia, muitas pessoas consideram que o êxito radica em uma boa posição profissional; talvez na fama; ou ser financeiramente bem abonada; ter inumeráveis privilégios, pertencer a grupos sociais importantes e exclusivos. Ainda que não seja mal ocupar uma boa posição, ou ter muitos privilégios e bens, essas aparências não indicam que está tudo bem, ou que obrigatoriamente deva estar ótimo. A mudança é um processo dinâmico onde o ser humano sabe que está chamado a um aperfeiçoamento contínuo, que o ajudará a ter melhores relações interpessoais, assim como maior plenitude consigo mesmo.

O termo renovação sugere a possibilidade de o homem e a mulher mudarem e abandonarem velhos esquemas mentais por novas ideias, atitudes e comportamentos mais construtivos. Lamentavelmente, uma grande porção da humanidade não é dada a isso, e as dificuldades interpessoais graves são cada dia mais evidentes, como a inveja, guerras, conflitos, rupturas e outros eventos que decorrem do mau caráter do indivíduo.

A mudança é uma grande possibilidade de encontrar sentido e humanidade no que é a pessoa. A essência da pessoa radica no que ela *é*, não tanto no que ela *tem*. Na realidade, o plano de ter corresponde à produtividade, planejamento, diligência, certa dose de disciplina e ambição, além da habilidade para manter controles financeiros. No entanto, o deslumbre que as coisas materiais parecem trazer, bem como os privilégios, podem fazer a pessoa esquecer sua verdadeira condição pessoal e sentir que todas as suas coisas andam bem, o que configura um autoengano. Isto é muito fácil de ilustrar com o caso de uma celebridade: determinada estrela da música tem o mundo em suas mãos, com vendas, turnês, fãs, mas enfrenta problemas graves de drogas, alcoolismo, entre outros. Como se deduz, algo falha nessa pessoa e todo seu êxito não a ajuda a solucionar seus problemas.

A mudança, a renovação como valor implica na possibilidade do aperfeiçoamento da pessoa, se bem que o processo será carregado de dor, pela realidade ou autoconsciência que produzem os erros e defeitos no caráter, e que não deixam a pessoa confortável em suas diversas interações. Não há dúvida de que o primeiro passo será a sinceridade e honestidade da pessoa consigo mesma. Nela se identificarão as próprias falhas, com suas consequências passadas ou atuais, e isso conduzirá à firme tomada de decisão em face do que se deseja melhorar. De modo que a renovação é um dos valores mais importantes no adulto em busca de vida integral.

Ensinar a renovação aos adultos

– Os programas de capacitação que frequentemente são oferecidos aos adultos (sejam eles colaboradores, professores, líderes, administradores, entre outros) devem direcionar à mudança pessoal, pois ele não está desligado do papel desempenhado. A qualidade do trabalho feito é mais consistente quando vai acompanhada da qualidade humana, que contribui para um bom clima organizacional.

– Os que estão ligados ao setor de ciências da saúde devem ser os principais agentes de mudança pessoal, sob uma perspectiva comunitária e social. Psicólogos, terapeutas, reeducadores, sociólogos, entre outros, têm uma responsabilidade importante ao conduzir as pessoas a uma melhor qualidade de vida.

– Muita literatura de autoajuda ou autossuperação enreda as pessoas por caminhos fantasmagóricos, quando não excêntricos, para a mudança pessoal. São desejáveis os materiais que se apoiam na ética e na espiritualidade como um bom fundamento, dado que existe um alto grau de ausência de espiritualidade na maioria dos problemas de índole pessoal.

– Sob o ponto de vista mental, a autorreflexão deve ser implementada em atividades grupais, pois ela conduz a pessoa a olhar suas debilidades e fortalezas, virtudes e defeitos, com maior sinceridade e claridade. Não se trata aqui de processos de relaxamento e interiorização, muitas vezes contraproducentes e que não vão à raiz dos problemas, mas sim de confrontar a pessoa com a natureza de seus próprios erros e suas consequências.

Benefícios da renovação para os adultos

– O primeiro grande benefício é a mudança da atitude mental e perspectiva perante a vida, as pessoas, as coisas, as circunstâncias, a si mesmo.

– Modificação mais eficiente no tocante a relacionar-se consigo e com as demais pessoas.

– Percepção mais humana e valorizadora dos demais.

– Maior qualidade de vida ao decidir o que mais convém para a pessoa.

– Melhor atitude ética e moral nos comportamentos cotidianos.

– Enriquecimento familiar quando um de seus membros muda comportamentos e atitudes negativas que vinham causando dano ou conflito no sistema.

Alguns especialistas nos ensinam

Você pode permitir que as pequenas dificuldades da vida o perturbem, ou pode escolher encará-las como um adulto. Pode permitir que as coisas normais e cotidianas o afetem de tal maneira que tudo piore, ou pode escolher não fazer isso. Você deve descansar. Tirar um descanso da rotina de desperdiçar pensamentos e energias importantes com o hábito de se queixar de tudo. Pensamentos e energia estes que, certamente, você necessita e poderia aplicá-los a outro aspecto de sua vida. Se você quer obter o melhor da vida, primeiro tem que dar o melhor de si, nunca menos. Esta é sua decisão. (Shad Helmstetter)

Os pensamentos automáticos são as ideias que surgem em sua cabeça sem esforço. Ocorrem milhares de vezes cada dia. Os pensamentos automáticos negativos estão acompanhados de emoções intensas. Os pensamentos automáticos negativos muitas vezes são inexatos ou completamente errôneos. (Mónica Ramírez Basco)

A verdade é que para a maioria das pessoas da nossa sociedade é difícil mudar ou controlar suas emoções, em grande parte porque raramente o tentam para obter, assim, uma certa prática; e quando o tentam, ocasionalmente, o fazem de forma imprecisa, descuidada e desajeitada. Se essas pessoas deixassem de considerar suas emoções como processos etéreos e quase humanos e as vissem como algo que está composto em grande parte de percepções, pensamentos, avaliações e frases interiorizadas, achariam bastante viável trabalhar de forma tranquila e harmoniosa para mudá-las. (Albert Ellis)

Fundamento espiritual

Não vos conformeis com este mundo, mas transformai-vos pela renovação do vosso espírito, para que possais discernir qual é a vontade de Deus, o que é bom, o que lhe agrada e o que é perfeito. (Rm 12, 2)

Porque ele se mostra tal qual se calculou em si mesmo. (Pr 23, 7)

6. Espiritualidade

> (Do lat. *spiritus*) 1. Qualidade do que é espiritual. 2. Característica ou qualidade do que tem ou revela intensa atividade religiosa ou mística; religiosidade, misticismo. 3. Tudo o que tem por objeto a vida espiritual. 4. Elevação, transcendência, sublimidade.

Extraído do *Dicionário Houaiss*.

Objetivo

Fortalecer e motivar os adultos a construírem e estabelecerem uma relação pessoal com Deus, como meio de obter plenitude e paz espiritual.

Fundamentação

Dizer que a espiritualidade é um valor seria tirar-lhe uma parte de sua importância, pois, na realidade, é um estilo de vida, uma experiência profunda, uma relação estreita com o Criador. No entanto, é diferente dizer que a espiritualidade adquire um valor fundamental para a vida do homem e da família, quando a pessoa procura manter seu contato com Deus. É necessário considerar que a espiritualidade permite o acesso e a comunicação de Deus com o homem.

É possível que as pessoas, em sua boa educação, conduzam-se por valores morais mais sublimes como integridade, bondade, amor, responsabilidade, honestidade, justiça, entre outros, mas, sem uma sólida base espiritual, os valores correm o risco de se reduzirem a práticas que talvez não se distingam de um código ou regulamento. A espiritualidade permite ao homem e à mulher apresentarem a Deus, seu Criador, suas necessidades, debilidades e imperfeições, para encontrarem respostas fundamentais sobre a vida, as quais não conseguiriam obter por teorias, convicções ou sistemas de pensamento, que somente apresentam desenvolvimentos especulativos de pouco interesse.

A pessoa espiritual integra a sua vida à vontade de Deus, isto é, conta com a direção divina para suas decisões e ações. Os lares onde Deus é considerado e reconhecido como merecedor de gratidão e honra contam com uma cobertura especial, que lamentavelmente muito poucos lares conhecem. Mesmo assim, a pessoa espiritual estabelece relações adequadas, baseadas no respeito e amor ao próximo, do melhor modo possível, porque são as únicas relações de tipo construtivo e produtivo que se pode alcançar e perduram no tempo.

É muito importante precisar que a espiritualidade não está mediada por elementos espirituais, isto é, não corresponde a objetos, sistemas, estruturas que aparentemente poderiam aumentar a fé. Na realidade, como Cristo ensinou, a oração é a ponte direta que conduz a Deus, pela qual o homem manifesta sua condição humana real, para ser redimido, orientado, justificado por Deus, de todas as suas debilidades.

Uma pessoa espiritual sabe que necessita do seu Criador para viver com sentido e propósito de vida. Admite que muitas pessoas, atingidas por calamidades e fatalidades humanas, encontram em Deus paz e esperança para superar os grandes conflitos que afligem cada dia mais a humanidade.

Uma pessoa não é espiritual porque pratica algum tipo de meditação e relaxamentos sofisticados, tampouco porque frequenta um templo ou igreja com regularidade, muito menos porque realiza um bom repertório de obras boas e altruístas. Mesmo assim, é muito provável que a religião, qualquer que ela seja, não satisfaça suas necessidades mais profundas. A espiritualidade é o estilo de vida que mantém relação permanente com Deus e delega a Ele a mudança e a superação das imperfeições, que são produto do pecado do homem. Somente nesse âmbito se tornarão eficazes as práticas religiosas.

A autêntica espiritualidade eleva a Deus a oração:

> Pai nosso, que estais no céu, santificado seja o vosso nome; venha a nós o vosso Reino; seja feita a vossa vontade, assim na terra como no céu. O pão nosso de cada dia nos dai hoje; perdoai-nos as nossas ofensas, assim como nós perdoamos a quem nos tem ofendido; e não nos deixeis cair em tentação, mas livrai-nos do mal. Vosso é o reino, o poder e a glória para sempre. Amém. Porque, se perdoardes aos homens as suas ofensas, vosso Pai celeste também vos perdoará. Mas se não perdoardes aos homens, tampouco vosso Pai vos perdoará.

Ensinar a espiritualidade aos adultos

– Apesar da espiritualidade ser uma decisão pessoal, deve-se recordar aos adultos que Deus pode ter, em sua infinita sabedoria, uma resposta para as suas necessidades mais profundas. Isto se pode fazer na catequese, nos aconselhamentos, nos retiros espirituais, nas capacitações e reuniões de pais.

– É importante motivar os pais a praticar a oração pelo lar, por seus filhos, por suas atividades profissionais ou problemas atuais.

– Informe aos pais e líderes o valor da oração pelos problemas do mundo, das nações. Desta maneira se apela à graça e à misericórdia de Deus em face de tantas dificuldades enfrentadas pelos seres humanos.

– Ensine que o tempo e o valor da oração radicam em sua qualidade. O que conta perante Deus é a sinceridade e a humildade.

– Geralmente as pessoas recebem uma oração que se faz em favor delas, pois não há ninguém no mundo que não necessite do respaldo espiritual de outra pessoa para prosseguir no difícil caminho da vida.

Benefícios da espiritualidade para o adulto

– Relação direta com Deus, mediante a oração e a leitura da Bíblia.

– Paz espiritual e estabilidade emocional ao contar com Deus nas diversas crises e decisões que se apresentam na vida.

– Capacidade de amar e compreender o próximo com seus acertos e erros.

– Disposição para orar por diferentes necessidades e conflitos de tipo familiar e social.

– Melhor discernimento do bem e do mal no mundo.

– Cuidado pessoal e interpessoal perante o que possa causar danos às pessoas.

– Consciência da própria realidade interior e assim tomada das respectivas decisões.

Alguns especialistas nos ensinam

Destine um tempo do seu dia para conversar com Deus. Não importa se o tempo é curto, mas faça isso. Toda relação se fortalece e sustenta pela frequência e sinceridade de cada encontro. Quanto maior o contato, tanto maior a confiança. Ao aumentar a confiança, cresce a intimidade e, quando a relação é íntima, dá-se o verdadeiro conhecimento do outro. A oração não requer solenidade, mas sinceridade. Além do nosso tempo especial de diálogo com Deus, podemos orar enquanto fazemos outras atividades, tal como faríamos com uma pessoa que estimamos e nos acompanha durante o dia. Pratique a oração, converse com Deus. Ele está a uma oração de distância. (Rafael Ayala)

Há uma segunda forma em que o repouso bíblico restaura a ordem em nosso mundo interior. Esse verdadeiro descanso tem lugar quando fazemos regularmente uma pausa no meio das nossas tarefas cotidianas para distinguir as verdades e os compromissos que coroam a nossa vida. Diariamente somos objeto de um bombardeio de mensagens que concorrem com a nossa lealdade e os nossos esforços. Somos empurrados e encaminhados para mil direções, pedem-nos que tomemos decisões, que façamos juízos de valor e que invistamos os nossos recursos e o nosso tempo. Qual é o critério de verdade que adotamos para tomar essas resoluções? (Gordon MacDonald)

Fundamento espiritual

Renunciai à vida passada, despojai-vos do homem velho, corrompido pelas concupiscências enganadoras. Renovai sem cessar o sentimento da vossa alma, e revesti-vos do homem novo, criado à imagem de Deus, em verdadeira justiça e santidade. (Ef 4, 22-24)

7. Progresso

> (Do lat. *progressus*). 1. Ação ou resultado de progredir; progressão, progredimento. 2. Movimento para diante; avanço.

Extraído do *Dicionário Houaiss*.

Objetivo

Estimular nos adultos o desejo sadio pelo progresso e pela qualidade de vida dentro dos seus lares.

Fundamentação

A sociedade atual se caracteriza por um consumismo bem marcante. Assuntos como qualidade de vida, progresso, superação e riquezas estão na ordem do dia como objetivos para conquistar e viver com aqueles em torno dos pais em questão. Apesar daqueles parâmetros e aspirações de vida serem muito normais e sadios, no seu desejo de adquiri-los, deve-se ter cuidado ao fazer deles o objetivo exclusivo da vida. É possível que existam pessoas que se tornem comprometidas com o seu trabalho porque este lhes é muito rentável e perdem, por exemplo, a oportunidade de verem crescer a família que construíram. O mundo na realidade precisa de certa ordem, que nem mesmo a família dela escapa para o seu bom funcionamento.

O progresso pode ser entendido como a capacidade de ser produtivo na busca de uma melhor qualidade de vida para si e para aqueles que o rodeiam, particularmente a sua família. Cabe também mencionar que o progresso na vida social está delimitado exclusivamente à aquisição de riquezas, à fama e ao poder.

Isto torna muito egoísta e enganoso o conceito de êxito e de progresso como tal. Muitas pessoas ignoram que a vida espiritual, a integração familiar, o serviço aos demais, o crescimento pessoal, o propósito de vida, o compartilhar com outros fraternalmente é tão importante como acumular bens ou experiências aprazíveis. Lamentavelmente, aprender isso às vezes resultou como consequência da ruína de uma pessoa que teve tudo, ou do abandono e rejeição dos entes queridos por terem valorizado e privilegiado coisas aparentemente mais significativas.

O progresso é desejável e grande parte da sociedade dá conta de infinidades de conquistas produto do esforço, da dedicação e inteligência do homem, manifestada na prosperidade que exibem a tecnologia e as diversas instituições. Sabemos que o "não ter nada" ou "não ser nada" se interpreta como fracasso total da pessoa. Nesse sentido, não se deve esquecer a relatividade do êxito e da glória do homem, uma vez que todas as coisas e eventos da vida têm um caráter muito passageiro. Assim mesmo, encontraremos pessoas que parecem ser felizes com o pouco, e muitos que vivem no meio de ostentosos luxos e são miseráveis em sua vida interior, inclusive em sua vida interpessoal.

Pois bem, o progresso deve ser um valor equilibrado nos adultos, desejo de serem bons profissionais ou empregados, de trazerem qualidade de vida e recursos necessários para o desenvolvimento integral dos filhos; tempo para a família e, assim, compartilharem momentos felizes que estreitem mais os laços afetivos. Este equilíbrio também deve estar presente na conquista de metas que dignificam a vida ou lhe conferem um pouco mais de sentido, como um curso, uma viagem, uma ascensão na carreira profissional, um negócio, e assim por diante.

De resto, cabe dizer que o adulto deveria saber o que deseja para seus filhos, para seu cônjuge, para sua família com vistas à qualidade de vida, e que isto constitua um mecanismo motivacional para ir atrás desses objetivos.

Ensinar o progresso aos adultos

– As instituições são agentes importantes para motivar a qualidade de vida nos recursos humanos, entre os colaboradores, empregados, trabalhadores, operários e outros. O dinamismo desse trabalho se inicia com as jornadas de sensibilização das condições de trabalho, clima organizacional e demais garantias que possam ter essas pessoas nas diferentes entidades.

– No próprio âmbito escolar, o trabalho é importante, pois não se limita a dar um estudo mediano aos filhos, mas um estudo que os forme de modo que se tornem profissionais com ética e produtividade. Essa ideia pode ser trabalhada em reuniões de pais de família e escolas de pais, entre outros.

– Mesmo assim, é fundamental motivar os casais e chefes de família para que continuem se capacitando, uma vez que a aprendizagem nos adultos é necessária e respaldará grande parte de sua vida e seus propósitos específicos. Isso tem a ver com a transcendência e realização de cada pessoa.

– Um dos temas-chave é o da superação da cultura da pobreza, onde muitos, por temor à mudança, permanecem em um círculo vicioso de não desejarem progredir, por medo de se arriscarem para alcançar novos objetivos que beneficiariam a qualidade de vida da família. Impõe-se a capacitação de muitas comunidades em relação a esses temas.

Benefícios do progresso para os adultos

– Sentimento de competência e realização na vida. O adulto adquire destreza e confiança no que se determina a fazer.

– Benefícios múltiplos para seus entes queridos, que dignificam a vida da família (como viagens, bens, satisfações, vestuário, educação, comodidade, entre outros).

– Sensibilidade perante as necessidades e carências de outras pessoas que não tiveram, digamos assim, a mesma sorte.

– Constante produtividade ao descobrir as facetas frutíferas de uma arte, um negócio, um projeto ou uma empresa.

– Equilíbrio e identificação do lugar que as riquezas ocupam na vida: meio para suprir necessidades e dignificar a qualidade de vida.

Alguns especialistas nos ensinam

É nossa capacidade de agir, projetar, criar e executar com decisão e prontidão o que nos torna superiores, o que coloca os seres humanos acima dos demais seres criados. Mas, além disso, a diligência e a prontidão em fazer aquilo que temos de fazer é também garantia de ser pessoa de bem. Segundo afirma O. S. Marden: "A honradez é um dos elementos constitutivos da ventura humana e não pode ser honrado quem rejeita trabalhar na medida das suas forças". O trabalho realizado com diligência proporciona ao homem bem-estar físico e psíquico, o livra do tédio e do aborrecimento e o situa ao lado da própria felicidade. Qualquer um que deseje ser verdadeiramente feliz há de se comprometer a ser diligente e ativo, levando até o fim do melhor modo possível tudo o que faça, seja por obrigação, por prazer ou por acaso. (Bernabé Tierno)

Quando nos comparamos com os melhores, quando tratamos de nos aproximar do seu nível de resultados, estamos sem dúvida impondo-nos a meta de sobressair acima da maioria. E nesse caso, a comparação atua como estímulo para uma melhoria. Pelo contrário, se pomos os olhos naqueles que obtêm resultados medíocres, não só estaremos atrasando a nossa melhora no desempenho, mas, além disso, estaremos fazendo, incubando um sem-fim de queixas e agravos, desses com quem precisamente nos comparamos. (José M. Ortiz I.)

Fundamento espiritual

Parábola das moedas de ouro (dos talentos)

O reino dos céus será também como um homem que, tendo de viajar, reuniu seus servos e lhes confiou seus bens. A um deu cinco talentos; a outro, dois; e a outro, um, segundo a capacidade de cada um. Depois partiu. Logo em seguida, o que recebeu cinco talentos negociou com eles; fê-los produzir, e ganhou outros cinco. Do mesmo modo, o que recebeu dois, ganhou outros dois. Mas o que recebeu apenas um, foi cavar a terra e escondeu o dinheiro de seu senhor. Muito tempo depois, o senhor daqueles servos voltou e pediu-lhes contas. O que recebeu cinco talentos, aproximou-se e apresentou outros cinco: – Senhor, disse-lhe, confiaste-me cinco talentos; eis aqui outros cinco que ganhei. Disse-lhe seu senhor: – Muito bem, servo bom e fiel; já que foste fiel no pouco, eu te confiarei muito. Vem regozijar-te com teu senhor. O que recebeu dois talentos, adiantou-se também e disse: – Senhor, confiaste-me dois talentos; eis aqui os dois outros que lucrei. Disse-lhe seu senhor: – Muito bem, servo bom e fiel; já que foste fiel no pouco, eu te confiarei muito. Vem regozijar-te com teu senhor. Veio, por fim, o que recebeu só um talento: – Senhor, disse-lhe, sabia que és um homem duro, que colhes onde não semeaste e recolhes onde não espalhaste. Por isso, tive medo e fui esconder teu talento na terra. Eis aqui, toma o que te pertence. Respondeu-lhe seu senhor: – Servo mau e preguiçoso! Sabias que colho onde não semeei e que recolho onde não espalhei. Devias, pois, levar meu dinheiro ao banco e, à minha volta, eu receberia com os juros o que é meu. Tirai-lhe este talento e dai-o ao que tem dez. Dar-se-á ao que tem e terá em abundância. Mas ao que não tem, tirar-se-á mesmo aquilo que julga ter. E a esse servo inútil, jogai-o nas trevas exteriores; ali haverá choro e ranger de dentes. (Mt 25, 14-30)

8. Coesão familiar

> **Coesão** (Do lat. *cohaesum,* part. pas. de *cohaerere:* estar unido). 1. Força que mantém unidas partículas ou moléculas de uma mesma substância. 2. Unidade lógica, coerência de um pensamento, de uma obra. 3. Associação íntima, solidariedade entre os integrantes de um grupo.

Extraído do *Dicionário Houaiss.*

Objetivo

Reafirmar a necessidade da unidade familiar como um meio de preservar a família com seus valores e anseios mais apreciados.

Fundamentação

O ritmo da vida atual, há quase duas décadas, vive uma aceleração nos eventos cotidianos, que conduz os indivíduos a uma ansiedade de conseguir as coisas que propiciam o que se denominou de vida bem-sucedida. Foi mencionado que o progresso é um valor importante na vida do adulto, que deseja o melhor para si mesmo, para a sua família e para aqueles que o rodeiam, mediante o seu serviço.

Por outro lado, o afã das múltiplas atividades faz com que as pessoas se vejam dispersas, separadas dos seus entes queridos. Por exemplo: os pais que, quando chegam ao lar, encontram seus filhos já dormindo; ou os pais que trabalham aos fins de semana, isto é, que não partilham momentos de descontração com seus filhos. A coesão e a unidade se perdem e cada membro da família se vê envolvido em suas diferentes atividades. Uma vez mais, há que se reconhecer que isso não é mau, porém o inadequado está em dar prioridade a aspectos que desestabilizam a família e impedem o possível desfrute do convívio familiar, do conhecimento mútuo, além da compreensão das diferentes dificuldades que podem surgir e que os outros familiares desconhecem por falta de tempo e diálogo.

Pode-se então argumentar que a coesão familiar é a integração resultante de compartilhar o maior tempo possível para o diálogo e descontração entre os membros da família, em que pesem as ocupações necessárias da vida cotidiana.

O adulto não deve esquecer que a construção da família é um trabalho que requer o esforço dos seus membros, desejo de compartilhar juntos períodos bons e momentos difíceis, assim como as datas especiais. Aplica-se aqui a premissa: se conseguimos tirar um tempo extra para atividades profissionais ou despender tempo com os outros, também podemos conseguir esse tempo para a nossa família. Muitas dificuldades no lar moderno radicam na dispersão, separação, desunião dos seus membros. E não é exagerado dizer que casamentos se findaram por falta de tempo e de atividades que propiciassem a demonstração do afeto recíproco entre os membros do lar.

De modo que a coesão familiar é um valor muito importante para consolidar e manter a família na época contemporânea, caracterizada pela disfuncionalidade, isto é, pais separados, filhos abandonados. É responsabilidade inicial dos pais alimentar a unidade mediante hábitos que atraiam e unam os membros da família.

Ensinar a coesão familiar aos adultos

– Os colégios, escolas, entidades educativas contam com um bom recurso para convocar os pais para participarem de atividades de integração familiar, com caráter lúdico, cultural, esportivo, interações que devem fazer parte das agendas das instituições educativas.

– As empresas, fábricas, companhias contam com departamentos de bem-estar no trabalho e recursos econômicos importantes para convocar as famílias de seus colaboradores, oferecendo-lhes oportunidades de convívio (cabe ressaltar que não se entende por "integração familiar" convidar as famílias para consumir bebidas alcoólicas em contextos diferentes, mas sim interagir em atividades sadias em prol delas mesmas).

– A coesão familiar é tema constante para os cursos pedagógicos para pais de família. É precisamente a união entre os membros do lar o que torna a família resistente contra problemas como alcoolismo, droga, transtornos alimentícios, violência, pansexualismo, etc.

Benefícios da coesão familiar para os adultos

– Manifestações de afetividade mais constantes entre os membros da família.

– Tempo de qualidade quando se aproveitam as oportunidades para compartilhar em família.

– Maior compromisso com os planos, projetos e decisões que se tomam no lar.

– Sentimento de maior confiança, segurança e pertença por parte de cada membro da família.

– Maior desejo de estar no lar perante outras opções que poderiam trazer dificuldades para a família.

– Conhecimento das necessidades mútuas entre os membros da família.

Alguns especialistas nos ensinam

Com seu ritmo febril, amiúde, a vida moderna atenta contra a unidade da família. Os pais não têm tempo para conviver com seus filhos. Às vezes podem passar dias inteiros sem que haja um diálogo familiar. Tudo costuma limitar-se a um cumprimento, a uma palavra solta, a um sucinto comentário. E o que acontece entre pais e filhos acontece lamentavelmente na relação conjugal. A incomunicabilidade mantém doente uma infinidade de casais. E para o pai ou a mãe vale esta reflexão: você mantém um clima de diálogo e amizade dentro do lar? Tem boas relações com seus filhos? Apoia-os para que triunfem na vida? Quanto tempo dedica para conviver realmente com eles? Você tem a firmeza de postergar alguma preferência pessoal para não falhar com seu filho? (Enrique Chaij)

Aprendei a sair do vosso egoísmo. Escutai-vos a vós mesmos e tomai nota do número de vezes que dizeis *sou alguém que ama*. Quantas vezes ao dia ouvis dizer *eu amo* e quantas *eu odeio*? É um fenômeno muito interessante. Dói-me essa forma de entender a vida, centrada ao redor das palavras *eu* e *mim*, estou cansado de ouvir as pessoas dizerem *eu* e *mim*. Gostaria que as pessoas se acostumassem a utilizar as palavras *nós* e *nos*. Não seria maravilhoso? *Eu* é importante, mas muito mais força têm os vocábulos *nós* e *nos*. Tu e eu juntos somos muito mais fortes que tu e eu sozinhos. Pessoalmente, gosto da ideia de que, ao estarmos juntos, não só estou dando, mas também recebendo. (Leo Buscaglia)

Fundamento espiritual

Vi ainda outra vaidade debaixo do sol: eis um homem sozinho, sem alguém junto de si, nem filho, nem irmão; trabalha sem parar, e, não obstante, seus olhos não se fartam de riquezas. Para quem trabalho eu, privando-me de todo bem-estar? Eis uma vaidade e um trabalho ingrato. Dois homens juntos são mais felizes que um isolado, porque obterão um bom salário de seu trabalho. Se um vem a cair, o outro o levanta. Mas ai do homem solitário: se ele cair não há ninguém para o levan-

tar. Da mesma forma, se dormem dois juntos, aquecem-se; mas um homem só, como se há de aquecer? Se é possível dominar o homem que está sozinho, dois podem resistir ao agressor, e um cordel triplicado não se rompe facilmente. (Eclo 4, 7-12)

9. Integridade

> (Do lat. *integritas, -atis*). 1. Estado ou característica daquilo que está inteiro, que não sofreu diminuição; plenitude, inteireza. 2. Característica ou estado daquilo que se apresenta ileso, intato, que não foi atingido ou agredido. 3. Caráter, qualidade de uma pessoa íntegra, honesta, incorruptível, cujos atos e atitudes são irrepreensíveis; honestidade, retidão.

Extraído do *Dicionário Houaiss*.

Objetivo

Fundamentar o valor da integridade em todas as áreas de ação, serviço e compromissos do adulto.

Fundamentação

Na expressão popular, diz-se que algo é ou está íntegro quando parece completo, isto é, nada lhe faz falta e é aceitável como produto ou objeto. A integridade se refere a uma capacidade ou faculdade do indivíduo de agir, pensar, sentir; em suma, *ser* o mais completo possível. A integridade é um dos valores mais próximos da perfeição, se acaso não for um dos caminhos mais diretos para alcançá-la. Com este importante valor, tão raro nos dias de hoje, coincidem outros valores que facilitam sua vivência e expressão: honestidade, retidão, sinceridade, liberdade, pureza, que, enfim, tornam a pessoa digna do que é e do que faz, assim como confiável e exemplo para os outros.

A integridade é de caráter total; não se pode pensar que um indivíduo seja íntegro em umas coisas e não em outras, pois este valor não admite pontos intermediários para justificar quando se deve ser íntegro ou não. Tampouco se pode confundir a honestidade com a integridade: na primeira, as pessoas não tomam posse do que não é seu e demonstram bom cumprimento das normas sociais e regras diversas de comportamento e relações interpessoais; na integridade, a pessoa estende seu comportamento ético a todas as situações nas que se vê imerso ou participante. Por exemplo, alguém muito honesto pode devolver algo como um dinheiro ou um bem que não é seu; mas ser desleal ao seu cônjuge, família ou amigos é falta de integridade.

Assim, entende-se como uma grande parte da cultura e dos processos nela vivenciados são, em sua maioria, carentes de integridade.

Na realidade, a integridade implica um bom grau de maturidade no nível ético e espiritual, que conduz a pessoa a agir do melhor modo possível em todas as circunstâncias, pois este valor afeta de modo positivo todo o seu entorno. As pessoas íntegras são confiáveis, delegáveis, irradiam e compartilham sabedoria e são, além disso, facilitadoras das relações interpessoais.

A integridade é a resposta à dupla moral que maneja a sociedade, onde as pessoas atuam de maneira relativa, segundo a sua conveniência e comodidade, evitando todo tipo de compromisso sério com os demais, com a vida e com Deus. A dupla moral se caracteriza quando a pessoa é bondosa quando necessário para a sua conveniência, mas, por outro lado, participa de atos ultrajantes sem que os outros percebam.

De modo que uma pessoa íntegra responde aos seus valores adquiridos, às suas convicções mais profundas, orientada sempre para o bem e para a construção da família e da sociedade da qual participa. A integridade é certa evidência de excelência no comportamento integral da pessoa.

Ensinar a integridade aos adultos

– Ainda que a integridade seja uma incorporação de valores transcendentais da pessoa, sob o ponto de vista institucional, as empresas e organizações devem insistir nas capacitações e eventos, dada a sua importância nos processos institucionais, o que redunda no bem-estar e desenvolvimento da empresa como um todo.

– Agindo como facilitador, instrutor, líder ou dirigente em geral, seja você um bom testemunho da integridade e transparência. Lembre-se de que não se trata de ser perfeito, mas sim fiel aos nobres ideais, valores e convicções morais.

– Nos cursos, deve-se realizar análise de casos versando sobre este tema que treinem o adulto a identificar a perda moral que implica não ser íntegro, e como a vida das pessoas poderia ser melhor vivendo na maior integridade possível.

Benefícios da integridade para os adultos

– Congruência entre o que a pessoa pensa, sente, diz e vive.

– Responsabilidade com relação aos entes queridos e pessoas que depositaram a confiança no adulto.

– Construção de empresas e instituições mais transparentes, honestas e produtivas.

– Melhor exemplo de vida ética para a família, especialmente para os filhos.

– Sentimento próprio de satisfação por estar de acordo com os princípios éticos e morais universais.

– Maior inclinação a uma vida espiritual baseada em sua orientação para o bem.

– Aumento de confiança e responsabilidade por parte das outras pessoas, graças ao bom testemunho de vida.

Alguns especialistas nos ensinam

À medida que passam os anos e desenvolvemos nossos valores e normas, a manutenção da integridade pessoal adquire cada vez mais importância para a nossa autoavaliação. A integridade significa integração de convicções, normas, crenças e comportamentos. Quando o nosso comportamento e os valores que professamos andam de mãos dadas, e a filosofia e a ação se correlacionam, temos integridade. Quando nos comportamos de forma contrária aos nossos julgamentos sobre o que é adequado, nos desprestigiamos a nós mesmos. Respeitamo-nos menos. Se essa atitude se torna habitual, confiamos menos em nós mesmos, ou deixamos de confiar totalmente em nós mesmos. (Nathaniel Branden)

Ninguém pode dirigir homens corretamente se não sabe dirigir a si mesmo. O exemplo é infinitamente superior à ordem. (Provérbio)

Não há nada mais extraordinário que um homem que mantém a sua palavra sejam quais forem as circunstâncias. Outrora se falava de amor-próprio: era a virtude do cavalheiro. Era a época em que se podia dizer: a palavra de um homem honesto vale a sua assinatura. (François Garagnon)

Fundamento espiritual

Observa o homem de bem, considera o justo, pois há prosperidade para o pacífico. (Sl 37, 37)
Porque os homens retos habitarão a terra, e os homens íntegros nela permanecerão. (Pr 2, 21)

10. Transcendência (projeto de vida, propósito de vida)

> (Do lat. *trascendentia.*) 1. Caráter do que é transcendente. 2. Superioridade de inteligência; perspicácia, sagacidade. 3. Importância superior.

Extraído do *Dicionário Houaiss*.

Objetivo

Fomentar nos adultos o valor da transcendência como um componente motivacional importante em seu projeto de vida pessoal.

Fundamentação

A vida de cada pessoa adquire sentido na medida em que tem uma forte paixão por algo; paixão que se remete a uma inclinação por desenvolver um dom, habilidade ou metas específicas. Claro que, em torno disso, encontram-se fatores e estímulos motivantes que dinamizam a pessoa que se propôs algo na vida. Por exemplo, para alguns, os filhos são um motor para sobressair e obter maior qualidade de vida. Para outros, construir um bom nome é fundamental, conseguir viajar, projetar-se, todas essas metas estão nos planos de muitos. Outras pessoas materializam nos bens seus objetivos e metas.

Em geral, a paixão por algo constitui a força para chegar a grandes realizações, o que também é muito relativo, quer dizer, a meta proposta para a pessoa se torna seu grande objetivo na vida, é transcendental, ajuda-o em sua realização como indivíduo.

No entanto, a paixão pelo que fazemos pode se ver diminuída ou apagada por uma sociedade bastante conflituosa, onde a concorrência e as oportunidades não são tão claras e nos fogem. Cada qual procura o seu, e abrir campo supõe sorte, oportunidades, amizades, habilidade extrema, entre outros fatores que não são acessíveis a todos.

Daí que muitas pessoas vivam frustradas, sem saber como conseguir suas metas ou com sérios obstáculos para seguir adiante. A realização pessoal – se esta pudesse realmente ser definida ou delimitada – poderia ser um objetivo dentro do projeto de vida de uma quantidade limitada de pessoas.

Cabe pensar que a transcendência como tal não implica um estado de iluminação, ausência de conflito, supermotivação ou vida especial que se possa levar. Poderia consistir naquilo para o qual se está no mundo, em companhia dos outros e com objetivos e ações claras para fazer dele um lugar mais digno para se viver. Certamente a transcendência implica conquistas pessoais em nível integral, abrangendo a família, a espiritualidade, a vida emocional e laboral, entre outras, chegando a existir algo na pessoa que evidencia o desenvolvimento integral, qualidade de vida e relações interpessoais adequadas.

Também é importante frisar que essa paixão não é uma atividade ou processo que escraviza a pessoa; ao contrário, dignifica-a, é um meio para ajudar outras pessoas, é um desfrute como outros. Implica certo grau de automotivação e chega a ser fonte geradora de momentos de felicidade.

De forma que a transcendência deve ser assumida como um valor importante, onde o homem supera a si mesmo, à medida de seu alcance, desfrutando ao máximo de cada processo da vida pessoal, no aspecto formativo, familiar, espiritual, e assim por diante.

Ensinar a transcendência aos adultos

– A educação dos adultos está delegada às instituições e entidades onde eles se formam ou realizam cursos de extensão e aprofundamento. Desta maneira, a aprendizagem de adultos sugere que eles escolham seus temas de interesse, para assim se motivarem em seu processo de autoformação. Qualquer que seja o nível de especialização, é necessário informar aos adultos que as metas nunca terminam e que esse mecanismo dinâmico de superação pessoal torna interessante a aprendizagem cada dia, trazendo paixão pelo que se faz.

– Devem ser estruturados cursos de capacitação, seminários que tratem desses temas que são vitais para lutar contra o desânimo, a desesperança, o tédio, a inconstância, que freiam a paixão por objetivos nobres e metas dignas de serem atingidas.

– A sugestão acima deve ser um processo persistente de tipo institucional, onde se abordem temas integrais como projeto de vida, automotivação, espiritualidade, mudança pessoal, autoestima, valores, que permitam aos colaboradores, isto é, ao adulto, atingir o propósito de vida que certamente Deus projetou para ele, em proveito de um melhor serviço social.

Benefícios da transcendência para os adultos

– Maior motivação pelas coisas que fazem, por simples que sejam.

– Valorização do próprio trabalho e desejo de melhorar e crescer nele.

– Motivação pela própria família, desejos de conseguir o melhor para cada um de seus integrantes, como qualidade e estilo de vida.

– Maior qualidade e excelência no desenvolvimento das próprias habilidades e talentos, aplicados ao trabalho, à formação profissional ou à pesquisa.

– Vida com sentido e propósito, além da valorização das bondades do Criador recebidas a cada dia.

Alguns especialistas nos ensinam

Na área do crescimento pessoal houve uma mudança de enfoque durante os últimos trinta anos. Ao final da década de sessenta e princípios de setenta, as pessoas começaram a falar de encontrarem-se a si mesmas, querendo dizer que procuravam um caminho em direção a uma plena realização profissional. Isto é fazer da felicidade uma meta, pois a realização pessoal se relaciona com o sentir-se bem. Mas o desenvolvimento pessoal é diferente. É certo que grande parte do tempo o fará sentir-se bem, mas é um benefício marginal, não a meta. O desenvolvimento pessoal é um chamado superior; é o desenvolvimento de seu potencial de modo que possa alcançar o propósito para o qual foi criado. Há momentos em que isto é realização, mas há outros em que não o é. Não importa como se sinta, o desenvolvimento pessoal tem sempre um efeito: o leva ao seu destino. O Rabino Samuel Silver ensinava que: "O maior de todos os milagres é que não necessitamos ser amanhã o que somos hoje, mas poderemos melhorar se usarmos o potencial que Deus nos deu". (John Maxwell)

O desenvolvimento não é uma aula, uma matéria, uma carreira, um movimento, uma corrente de psicologia ou uma especialidade. É, sobretudo, a oportunidade de tomar em nossas mãos todas as nossas potencialidades e desenvolvê-las o máximo possível. (Eduardo Kubli e Alfonso Jáuregui)

Falta a autotranscendência, isto é, viver para algo mais que nos ultrapasse e nos sublime. A autorrealização só é possível mediante a autotranscendência. O homem quanto mais se esquecer de si – entregando-se a uma causa ou a uma pessoa –, tanto mais humano se torna. E quanto mais imerso e absorvido em alguma coisa ou alguém que não seja si mesmo, tanto mais se torna homem. (Viktor Frankl)

Fundamento espiritual

Põe tuas delícias no Senhor, e os desejos do teu coração ele atenderá. Confia ao Senhor a tua sorte, espera nele, e ele agirá. Como a luz, fará brilhar a tua justiça; e como o sol do meio-dia, o teu direito. Em silêncio, abandona-te ao Senhor, põe tua esperança nele. Não invejes o que prospera em suas empresas, e leva a bom termo seus maus desígnios. (Sl 37, 4-7)

11. Liberdade

> (Do lat. *libertas, -atis*). 1. Grau de independência legítimo que um cidadão, um povo ou uma nação elege como valor supremo, como ideal. 2. Condição daquele que não se acha submetido a qualquer força constrangedora física ou moral. 3. Condição daquele que não é cativo ou que não é propriedade de outrem. 4. Possibilidade que tem o indivíduo de exprimir-se de acordo com sua vontade, sua consciência, sua natureza.

Extraído do *Dicionário Houaiss*.

Objetivo

Recordar e motivar os adultos na importância de viver uma vida livre, sem apegos extremos ou ataduras, que tornam a existência pesada no dia a dia.

Fundamentação

Este é um dos valores mais desejáveis na vida de uma pessoa. No entanto, semelhante a outros valores, a liberdade corre o risco de ser assumida de uma forma relativa no tocante ao que uma pessoa deseje ou não fazer.

Entende-se a liberdade como capacidade de o homem escolher ou decidir o mais conveniente para a sua formação e atitude como pessoa. Isto implica em que a pessoa governe suas próprias decisões e comportamentos, mas também se submeta voluntariamente aos contratos e acordos sociais estabelecidos, em benefício de uma melhor convivência.

A liberdade pressupõe que a pessoa não se veja submetida a apegos que a fazem viver mal, ou causariam dependências nocivas que repercutiriam na sua vida emocional, espiritual e psicológica. O mesmo ocorre com as ataduras, isto é, manias ou vícios que tiram o controle do indivíduo e o conduzem a viver a sua vida entre "muletas" ou "arrimos" para conseguir sentir-se bem. Nesse sentido, são referidos diversos vícios ou comportamentos patológicos como: drogas, álcool, tabagismo, pornografia, jogo, participação em seitas, grupos antissociais, que na realidade constituem mais um meio de escravidão para as pessoas envolvidas com eles do que a aparente liberdade dos que os procuram para o seu consumo, adesão ou prática.

A liberdade, precisamente, em um sentido muito literal, alude a isso: estar livre de condicionamentos, condutas inadequadas, sentimentos negativos, que geram um mal-estar psicológico constante na pessoa que não consegue libertar-se de hábitos insanos ou comportamentos perturbados dentro da ordem social normal.

As Sagradas Escrituras pontualizam que a maior fonte de escravidão no homem é sua natureza pecaminosa e, portanto, a prática habitual e incessante do pecado. Em sentido espiritual, isso põe a pessoa em uma situação incômoda com Deus, corta-se a relação pessoal com Deus, a vida espiritual torna-se confusa ou nula, entre muitas outras coisas.

Pois bem, existe um abismo muito amplo entre a liberdade, mediante a qual a pessoa se decide pelo bem e pelo bom no tocante ao comportamento, e a libertinagem, mediante a qual a pessoa perde o controle do seu caráter, do comportamento moral responsável e dos valores mínimos que dignificam a vida.

Os meios massivos de comunicação, em alta porcentagem, apresentam a libertinagem sob a forma de liberdade. E as pessoas que não desenvolveram valores, critérios e convicções morais adequados e centrados no bem tornam-se confusas e assumem comportamentos que, ao longo do tempo, trarão consequências negativas para a sua vida.

De forma que a idade adulta deve ser um exemplo de liberdade (não exclusivamente a liberdade física, no caso de quem se encontra em uma prisão), onde os comportamentos são sadios, bons, observáveis e evidenciam que a pessoa vive uma vida de valores morais e princípios espirituais que são modelo e inspiração para outros indivíduos, inclusive a sua família.

À luz desses conceitos, é possível afirmar que a liberdade é algo bastante difícil de conseguir em uma cultura que, pelo contrário, testa o nosso controle como nos casos de compra compulsiva, trabalho compulsivo, endividamento sem limites, vivência do momento sem se importar com os riscos, e outras fraquezas humanas. No entanto, a liberdade é possível quando a pessoa conta com Deus e decide restaurar a sua situação pessoal com Ele. A paz com Deus é um acontecimento que, mediante o perdão, liberta a alma e traz esperança no meio de um mundo caótico e, geralmente, carente de valores morais.

Ensinar a liberdade aos adultos

– Como ensinar a liberdade aos outros quando, talvez, não se a tenha? É uma boa pergunta para refletir, especialmente para aqueles que ensinam valores em todos os níveis. As pessoas livres de muitos apegos e ataduras podem, eficazmente, dizer a outras como conseguir essa liberdade.

– Os seminários, cursos, grupos de encontro, grupos terapêuticos, equipes institucionais, quando são treinados em desenvolvimento pessoal, qualidade de vida, entre outros aspectos da mudança pessoal, são boas oportunidades para orientar os adultos e dizer-lhes que parte do processo de realização pessoal implica a liberdade do indivíduo para fazer o que é bom e o que dignifica o seu ambiente e os seus semelhantes.

– Trabalhar conjuntamente com o valor da espiritualidade, na medida em que uma vida espiritual previne e liberta o indivíduo de ataduras de tipo social, cultural e emocional que possam afetar as pessoas em algum momento da sua vida.

Benefícios da liberdade para os adultos

– Faculdade para viver com maior plenitude na medida em que a pessoa não sente a sua alma e o seu espírito escravizados a certos eventos e hábitos nocivos.

– Capacidade de oferecer um exemplo mais adequado à sua família, ao seu entorno, na medida em que o indivíduo não conta com hábitos negativos e danosos que afetem as suas diversas interações pessoais.

– Faculdade para pôr em prática o seu comportamento moral de maneira mais adequada.

– Critérios e convicções sadios muito firmes, frente à pressão sociocultural, que implique manipulação e alienação do indivíduo e, em geral, em face dos diferentes tipos de manipulação exercida pelos meios de comunicação.

– Maior vivência da paz interior, precisamente por estar livre de ataduras danosas ao seu ser integral.

Alguns especialistas nos ensinam

A liberdade necessita dos valores. Ela só me oferece unicamente a possibilidade de agir, enquanto os valores me fornecem a razão ou o motivo para agir. Se sou totalmente livre, mas careço de valores, que farei? Minha liberdade não me dirá. Simplesmente me responderá: "Pode fazer qualquer coisa". Meus valores são os que me moverão, os que me dirão: "Faça isto. Isto é bom, é correto, é importante". Os valores são os que atraem minha vontade, a liberdade permite que a minha vontade se mova em direção a esses valores. Minha vontade deseja e, porque é livre, é capaz de ir em busca de seus desejos. Também é útil distinguir entre liberdade e direitos. A liberdade não é uma espécie de decalcomania cósmica que certifica que todas as minhas ações são boas e lícitas na medida em que são livres. A liberdade não é o mesmo que o direito de fazer algo, ainda que ambos se confundam com frequência. "Posso fazer o que me agradar! Este é um país livre e soberano!". O fato de que seja livre para fazer algo sem constrição não me dá o direito de fazê-lo. Sou *livre* para matar uma pessoa; talvez ninguém possa impedir-me fisicamente de fazê-lo, mas não tenho o direito de matar. A liberdade, em si mesma, não justifica nada. Se Antonio diz a seu irmão: "Francisco, você não deve cometer adultério. Deve ser fiel à sua esposa". E Francisco lhe responde: "Posso fazer o que eu quiser! Para isso sou livre!". Essa resposta está fora de lugar e tem muito pouco a ver com o conselho do seu irmão. Ninguém está pondo em dúvida a capacidade de Francisco para fazer isto ou aquilo. Todos somos capazes de agir como animais, mas não devemos fazê-lo, nem temos o direito disso. (Thomas Williams)

A liberdade é o instrumento que Deus pôs nas mãos do homem para que realizasse o seu destino. (Emilio Castelar)

Encontram-se muitos homens que falam de liberdade, mas se veem muitos poucos cuja vida não se tenha consagrado, principalmente, a forjar cadeias. (Gustave Le Bon)

Fundamento espiritual

Tudo é permitido, mas nem tudo é oportuno. Tudo é permitido, mas nem tudo edifica. Ninguém busque o seu interesse, mas o do próximo. Fazei como eu: em todas as circunstâncias procuro agradar a todos. Não busco os meus interesses próprios, mas os interesses dos outros, para que todos sejam salvos. (1 Cor 10, 23-24; 33)

12. Serenidade (paz)

> De **sereno** (Do lat. *serenus*).1. Caracterizado pela ausência de movimentos bruscos, de mudanças desagradáveis; tranquilo, manso. 2. Que denota paz e tranquilidade de espírito.

Objetivo

Estimular nos adultos o valor de uma vida cotidiana com paz interior e serenidade pessoal.

Fundamentação

O mundo atual se caracteriza pelo afã, a preocupação e o imediatismo dos acontecimentos. As pessoas vivem agitadas, correm de um lado para o outro resolvendo incessantemente problemas e dificuldades. De modo que não é fácil viver pressionado pela pressa que se impõe a cada momento.

Parece que não se valoriza a serenidade, a paz e a tranquilidade como valores e vivências desejáveis para o próprio caráter e nas relações diversas com os demais. Pode-se então entender a serenidade como a vivência pessoal da paz no meio das diferentes situações, em geral, conflituosas ou produtoras de estresse. A serenidade é a arte de manter a calma quando as circunstâncias se tornam caóticas, mas também quando elas exigem um tempo de quietude e reflexão.

A serenidade permite o sossego perante as decisões cotidianas que se devem tomar, permite a interação adequada com outras pessoas, uma vez que mantêm um ritmo tranquilo e pausado das mesmas relações interpessoais. A serenidade confere ao indivíduo um descanso constante em seu interior ou a capacidade de distinguir, com sabedoria, o prioritário do superficial, o moderado do acelerado, o claro do confuso.

A pessoa serena dispõe da capacidade de controlar um pouco mais as suas emoções, porque tem tempo para pensar antes de agir, antes de tomar uma decisão. Ela conta com a capacidade de escutar os demais antes de se envolver em uma confrontação ou conflito.

A pessoa serena gasta um tempo para pensar nas melhores alternativas no meio de uma realidade conflituosa e difícil. Mesmo assim, esse dom da serenidade – se é possível chamá-lo assim – não é uma característica muito comum nas pessoas. Há indivíduos que se especializam em preocupar-se, perturbar-se e afligir-se, quando não se trata de casos complexos, nos quais voluntariamente se intrometem. Aquelas situações que lhes causam angústia, que lhes roubam a paz interior, são acontecimentos simples e rudimentares da vida.

Assim, é na vida adulta que deveríamos ter uma vivência maior da serenidade, precisamente porque a maturidade do caráter deveria implicar tranquilidade e calma para enfrentar qualquer tipo de evento na vida. Lamentavelmente, sabemos que não é assim. O adulto se consome em afãs e preocupações. Alguns inclusive entram em depressão e melancolia.

No mais, a serenidade não é um estado de relaxamento momentâneo, que se busca em situações específicas, não pressupõe um sistema de controle mental – que faria uma pessoa sentir-se bem automaticamente –, não implica, entre outras coisas, certa leitura de textos escritos especificamente para eles. A serenidade é uma vivência cotidiana da paz, em que a pessoa cuida de sua vida interior e de todas aquelas influências negativas que no dia a dia tratam de lhe roubar a paz.

Assim, uma vida equilibrada emocionalmente, caracterizada pela paz e serenidade, será cuidadosa para evitar o vício do trabalho compulsivo, estará atenta ao perfeccionismo (que induz as pessoas a acreditarem que farão as coisas de modo perfeito, com uma carga de culpa, raiva e esgotamento bastante alta), será cuidadosa com a ausência de recreação e de momentos de descanso que trazem novos "ares" à mente e ao corpo. A pessoa cuidará, enfim, de evitar a rotina e a monotonia que geram uma carga mais pesada em face da possibilidade de uma vida versátil e criativa.

Recorde-se, então, que uma evidência de maturidade emocional é a capacidade de viver com paz as vicissitudes e contrariedades da vida; é maturidade para lidar com o conflito, a divisão e inclusive as fatalidades.

Este valor é importante para uma vida mais plena, ao menos mais tranquila consigo mesmo.

Ensinar a serenidade aos adultos

– Na educação dos adultos, é essencial fundamentar a importância de uma vida em paz, pelo menos no que depende da pessoa em si. Os programas dos diversos cursos de capacitação, quando tocam nos valores, devem incorporar o valor da serenidade na vida cotidiana e no trabalho. Isso é muito explorado sob o ponto de vista do estresse. No entanto, cabe enfatizar que a ênfase do estresse é mais de caráter psicológico, enquanto a serenidade é de caráter integral, incluindo também o espírito da pessoa.

– Em geral, as empresas e entidades entendem de forma errônea a serenidade, a recreação e os momentos de descanso; creem que, oferecendo grande quantidade de bebida alcoólica aos seus funcionários, eles passarão por um momento "desestressante" dos trabalhos da fábrica ou do escritório. No entanto, as atividades lúdicas que implicam o bem-estar são muito positivas para que a pessoa descarregue tensões cotidianas de modo diferente.

– Os cursos e atividades que ensinam a pessoa a lidar com o estresse, a angústia, as preocupações e a vida emocional devem ser pertinentes à realidade do indivíduo, e não utilizar mecanismos fantasmagóricos que o confundem mais (como mentalização, objetos produtores de felicidade, relaxamento, amuletos, fetiches e outras coisas do tipo).

Benefícios da serenidade para os adultos

– Lidar adequadamente com o estresse e a ansiedade.
– Manter relações interpessoais mais centradas na realidade de cada indivíduo com o qual interage.
– Ter paz interior.
– Valorizar a paz, o pacifismo, a convivência em qualquer lugar.
– Cuidar do descanso pessoal real.

Alguns especialistas nos ensinam

Todos experimentamos ansiedade, mas quando esta perturba o nosso estilo de vida a denominamos *transtorno ansioso*. A maioria das ansiedades são induzidas pela própria pessoa, mas como se desenvolvem? Na realidade, tendem a evoluir dentro das famílias. Parece que existe certo tipo de inclinação genética a essa tendência, da mesma forma que a preocupação. O ambiente também influi. Isso poderia incluir um membro da família que seja o exemplo perfeito do papel do preocupado, as expectativas de que você seja perfeito, certo tipo de abandono da etapa da infância, entre outros. (Norman Wright)

O homem artificial, o que está sofrendo as tiranias do *eu*, está sempre voltado para fora, obcecado por ficar bem, causar boa impressão ("o que dizem de mim", "o que pensam de mim") e, no vaivém desses liames, sofre, teme e se aflige. A vaidade e o egoísmo atam o homem a uma existência dolorosa, tornando-o escravo dos caprichos do seu *eu*. Pelo contrário, um homem despojado é um homem essencialmente para dentro. Como já se convenceu de que o *eu* é uma mentira, previne-se a respeito do que digam ou pensem do seu *eu*, que ele sabe que não existe. Por isso vive desligado das preocupações artificiais em uma gozosa interioridade. Apesar de viver entre as coisas e os acontecimentos, sua morada está no reino da serenidade. (Ignacio Larrañaga)

Fundamento espiritual

Portanto, eis que vos digo: não vos preocupeis por vossa vida, pelo que comereis, nem por vosso corpo, pelo que vestireis. A vida não é mais do que o alimento e o corpo não é mais que as vestes? Olhai as aves do céu: não semeiam nem ceifam, nem recolhem nos celeiros e vosso Pai celeste as alimenta. Não valeis vós muito mais que elas? Qual de vós, por mais que se esforce, pode acrescentar um só côvado à duração de sua vida? E por que vos inquietais com as vestes? Considerai como crescem os lírios do campo; não trabalham nem fiam. Entretanto, eu vos digo que o próprio Salomão no auge de sua glória não se vestiu como um deles. Se Deus veste assim a erva dos campos, que hoje cresce e amanhã será lançada ao fogo, quanto mais a vós, homens de pouca fé? Não vos aflijais, nem digais: Que comeremos? Que beberemos? Com que nos vestiremos? São os pagãos que se preocupam com tudo isso. Ora, vosso Pai celeste sabe que necessitais de tudo isso. Buscai em primeiro lugar o Reino de Deus e a sua justiça e todas estas coisas vos serão dadas em acréscimo. Não vos preocupeis, pois, com o dia de amanhã: o dia de amanhã terá as suas preocupações próprias. A cada dia basta o seu cuidado. (Mt 6, 25-33)

Sumário

INTRODUÇÃO GERAL 5
OS VALORES 9
    O conceito de valor 9
    A natureza do valor 10
    Dicotomias acerca dos valores 12
    Características importantes dos valores 14
    A transmissão dos valores 20
    A classificação dos valores 21
    Algumas dificuldades em torno dos valores 24
    Interdependência e integração entre os valores 28
CAPÍTULO I - VALORES PARA CRIANÇAS 29
    1. Disciplina 31
    2. Obediência 38
    3. Respeito 45
    4. Criatividade 50
    5. Unidade familiar 55
    6. Pertença, integração 60
    7. Laboriosidade, diligência 65
    8. Autoestima 70
    9. Amizade 75

10. Relação com Deus 80
11. Honestidade 85
12. Amor 89
13. Gratidão 94

CAPÍTULO II - VALORES PARA JOVENS 99

1. Sinceridade 101
2. Constância, perseverança 106
3. Temperança 112
4. Autoimagem e autovalorização 116
5. Diálogo 121
6. Identidade 126
7. Convivência 132
8. Autonomia 136
9. Autenticidade 141
10. Aprendizagem 146
11. Respeito a Deus / Espiritualidade 150
12. Amizade 154

CAPÍTULO III - VALORES PARA ADULTOS 159

1. Fidelidade 161
2. Responsabilidade 167
3. Motivação 173
4. Fraternidade 178
5. Renovação 182
6. Espiritualidade 187
7. Progresso 192
8. Coesão familiar 197
9. Integridade 202
10. Transcendência (projeto de vida, propósito de vida) 206
11. Liberdade 211
12. Serenidade (paz) 216

Direção geral
Renata Ferlin Sugai

Direção editorial
Hugo Langone

Produção editorial
Gabriela Haeitmann
Juliana Amato
Ronaldo Vasconcelos

Capa
Gabriela Haeitmann

Diagramação
Sérgio Ramalho

ESTE LIVRO ACABOU DE SE IMPRIMIR
A 28 DE JANEIRO DE 2023,
EM PAPEL PÓLEN NATURAL 70 g/m².